Managementwissen für Studium und Praxis

Herausgegeben von Professor Dr. Dietmar Dorn und Professor Dr. Rainer Fischbach

Bisher erschienene Werke:

Arrenberg · Kiy · Knobloch · Lange, Vorkurs in Mathematik
Baršauskas · Schafir, Internationales Management
Behrens · Kirspel, Grundlagen der Volkswirtschaftslehre, 2. Auflage
Behrens, Makroökonomie – Wirtschaftspolitik
Bichler · Dörr, Personalwirtschaft – Einführung mit Beispielen aus SAP® R/3® HR®
Blum, Grundzüge anwendungsorientierter Organisationslehre
Bontrup, Volkswirtschaftslehre
Bontrup, Lohn und Gewinn
Bontrup · Pulte, Handbuch Ausbildung
Bradtke, Mathematische Grundlagen für Ökonomen
Bradtke, Übungen und Klausuren in Mathematik für Ökonomen
Bradtke, Statistische Grundlagen für Ökonomen
Bradtke, Grundlagen in Operations Research für Ökonomen
Breitschuh, Versandhandelsmarketing
Busse, Betriebliche Finanzwirtschaft, 5. A.
Clausius, Betriebswirtschaftslehre I
Clausius, Betriebswirtschaftslehre II
Dinauer, Allfinanz – Grundzüge des Finanzdienstleistungsmarkts
Dorn · Fischbach, Volkswirtschaftslehre II, 4. A.
Drees-Behrens · Kirspel · Schmidt · Schwanke, Aufgaben und Lösungen zur Finanzmathematik, Investition und Finanzierung
Drees-Behrens · Schmidt, Aufgaben und Fälle zur Kostenrechnung
Ellinghaus, Werbewirkung und Markterfolg
Fank, Informationsmanagement, 2. Auflage
Fank · Schildhauer · Klotz, Informationsmanagement: Umfeld – Fallbeispiele
Fiedler, Einführung in das Controlling, 2. Auflage
Fischbach, Volkswirtschaftslehre I, 11. A.
Fischer, Vom Wissenschaftler zum Unternehmer
Frodl, Dienstleistungslogistik
Götze, Techniken des Business-Forecasting
Götze, Mathematik für Wirtschaftsinformatiker
Götze · Deutschmann · Link, Statistik
Gohout, Operations Research
Haas, Kosten, Investition, Finanzierung – Planung und Kontrolle, 3. Auflage
Haas, Marketing mit EXCEL, 2. Auflage
Haas, Access und Excel im Betrieb
Hans, Grundlagen der Kostenrechnung
Hardt, Kostenmanagement, 2. Auflage
Heine · Herr, Volkswirtschaftslehre, 3. A.
Hildebrand · Rebstock, Betriebswirtschaftliche Einführung in SAP® R/3®
Hofmann, Globale Informationswirtschaft
Hoppen, Vertriebsmanagement
Koch, Marketing
Koch, Marktforschung, 3. Auflage
Koch, Gesundheitsökonomie: Kosten- und Leistungsrechnung
Krech, Grundriß der strategischen Unternehmensplanung
Kreis, Betriebswirtschaftslehre, Band I, 5. Auflage
Kreis, Betriebswirtschaftslehre, Band II, 5. Auflage
Kreis, Betriebswirtschaftslehre, Band III, 5. Auflage
Laser, Basiswissen Volkswirtschaftslehre
Lebefromm, Controlling – Einführung mit Beispielen aus SAP® R/3®, 2. Auflage
Lebefromm, Produktionsmanagement – Einführung mit Beispielen aus SAP® R/3®, 4. Auflage
Martens, Betriebswirtschaftslehre mit Excel
Martens, Statistische Datenanalyse mit SPSS für Windows
Martin · Bär, Grundzüge des Risikomanagements nach KonTraG
Mensch, Investition
Mensch, Finanz-Controlling
Mensch, Kosten-Controlling
Müller, Internationales Rechnungswesen
Olivier, Windows-C – Betriebswirtschaftliche Programmierung für Windows
Peto, Einführung in das volkswirtschaftliche Rechnungswesen, 5. Auflage
Peto, Grundlagen der Makroökonomik, 12. Auflage
Peto, Geldtheorie und Geldpolitik, 2. Aufl.
Piontek, Controlling, 2. Auflage
Piontek, Beschaffungscontrolling, 2. Aufl.
Piontek, Global Sourcing
Posluschny, Kostenrechnung für die Gastronomie
Posluschny · von Schorlemer, Erfolgreiche Existenzgründungen in der Praxis
Reiter · Matthäus, Marktforschung und Datenanalyse mit EXCEL, 2. Auflage
Reiter · Matthäus, Marketing-Management mit EXCEL
Rothlauf, Total Quality Management in Theorie und Praxis
Rudolph, Tourismus-Betriebswirtschaftslehre, 2. Auflage
Rüth, Kostenrechnung, Band I
Sauerbier, Statistik für Wirtschaftswissenschaftler
Schaal, Geldtheorie und Geldpolitik, 4. A.
Scharnbacher · Kiefer, Kundenzufriedenheit, 2. Auflage
Schuchmann · Sanns, Datenmanagement mit MS ACCESS
Schuster, Kommunale Kosten- und Leistungsrechnung, 2. Auflage
Schuster, Doppelte Buchführung für Städte, Kreise und Gemeinden
Specht · Schmitt, Betriebswirtschaft für Ingenieure und Informatiker, 5. Auflage
Stahl, Internationaler Einsatz von Führungskräften
Steger, Kosten- und Leistungsrechnung, 3. Auflage
Stender-Monhemius, Marketing – Grundlagen mit Fallstudien
Stock, Informationswirtschaft
Strunz · Dorsch, Management
Strunz · Dorsch, Internationale Märkte
Weeber, Internationale Wirtschaft
Weindl · Woyke, Europäische Union, 4. Aufl.
Zwerenz, Statistik, 2. Auflage
Zwerenz, Statistik verstehen mit Excel – Buch mit CD-ROM

Grundlagen in Operations Research für Ökonomen

Von

Prof. Dr. Thomas Bradtke

R. Oldenbourg Verlag München Wien

Die Deutsche Bibliothek - CIP-Einheitsaufnahme

Bradtke, Thomas:
Grundlagen in Operations Research für Ökonomen / von Thomas Bradtke. –
München ; Wien : Oldenbourg, 2003
(Managementwissen für Studium und Praxis)
ISBN 3-486-27278-0

Rosenheimer Straße 145, D-81671 München
Telefon: (089) 45051-0
www.oldenbourg-verlag.de

Gedruckt auf säure- und chlorfreiem Papier
Druck: MB Verlagsdruck, Schrobenhausen
Bindung: R. Oldenbourg Graphische Betriebe Binderei GmbH

ISBN 3-486-27278-0

Operations Research

VIII Indextheorie

Anhang A

Anhang B

I Einführung

"Madrid oder Mailand - Hauptsache Italien."

Andy Möller

In der jüngeren und nicht so jüngeren Vergangenheit kann man die Einführung einer Vielzahl von unterschiedlichen Software-Produkten auf dem Gebiet des Operations Research beobachten. Wie mit den meisten Werkzeugen ist die Benutzung und der damit verbundene Nutzen aber ganz entscheidend davon abhängig, inwieweit man Hintergründe und Zusammenhänge verstanden hat.

Neben den Anwendungsgebieten, die schnell formuliert sind, muß auch eine theoretische Grundlage vorausgesetzt werden, um zum Teil dramatische Fehler zu vermeiden. Diese gehen in der Regel zu Lasten der Unternehmen und auch der Mitarbeiter.

Diese Buch hat sich zum Ziel genommen, einige elementare Verfahren auf dem Gebiet des Operations Research vorzustellen. Dabei versucht der Autor ein Arbeitsbuch vorzulegen, in dem der Ansatz verfolgt wird, mit Hilfe von Beispielen Vorgehensweisen zu verdeutlichen.

Ein Dank geht an meine Frau Claudia, die wieder eine kritische Leserin des Skripts war und durch eine Vielzahl von Hinweisen zum Gelingen beigetragen hat.

Für die gute Zusammenarbeit geht ein besonderer Dank letztmalig aus dem Heinrich-Heine-Park an Herrn Diplom-Volkswirt Martin M. Weigert vom Oldenbourg-Verlag.

Die Schlußredaktion des vorliegenden Buches lag während der Endrunde der Fußballweltmeisterschaft 2002 in Korea und Japan. Einige Zitate sind ein Hinweis auf diesen Tatbestand, die aber nicht mögliche Fehler jeder Art entschuldigen sollen.

1. Geschichte des Operations Research

Während des 2. Weltkrieges wurden Wissenschaftler von hochrangigen britischen Militärs aufgefordert, mehrere militärische Probleme zu analysieren und zu lösen. Man erkannte aber sehr schnell, wie die folgende Übersicht verdeutlicht, daß die zu untersuchenden Aspekte auf wirtschaftliche Probleme zu übertragen waren, so daß ein Wandel und eine Ausdehnung auf andere Gebiete zu beobachten war:

1937 - 1939	In England kann man die erste operationale Nutzung des Radars vermelden. In Groß-Britannien prägt sich der Begriff *Operational Research* aus, während in den USA von *Operations Research* bzw. *Management Science* gesprochen wird.
1940	Die britische Luftwaffe setzt eine OR-Gruppe ein. Allgemeine wissenschaftliche Methoden zum Studium irgendeines Problems, das für einen "Executive" wichtig sein mag werden entwickelt, dabei kommen verstärkt interdisziplinäre Gruppen zum Einsatz.
1949	George B. Dantzig entwickelt den Simplex-Algorithmus. Es werden vermehrt ökonomische Anwendungen betrachtet und gelöst.
ab 1950	Mathematische Modelle werden entwickelt.
1956	Der Arbeitskreis Operations Research (AKOR) gründet sich.
1956 - 1958	In den USA und in Frankreich werden die drei Haupttypen von Netzplänen entwickelt.
1961	Die Deutsche Gesellschaft für Unternehmensforschung (DGU) wird gegründet.
1960 - 1970	Ein Boom des Operations Research ist zu beobachten. Eine Vielzahl von OR-Abteilungen und OR-Lehrstühlen werden gegründet bzw. eingerichtet.
1971	Die Deutsche Gesellschaft für Operations Research (DGOR) wird gegründet. Die Gesellschaften AKOR und DGU schließen sich zusammen.

Dies kann als Zusammengehen von Praktikern und Theoretikern aufgefaßt werden.

Die AG "Praline" als Kurzbezeichnung für Praxis der Linearen Optimierung wird eingerichtet.

1975 Weitere Gesellschaften auf dem Gebiet des Operations Research gründen sich:

- EURO: Association of European OR Studies
- GMÖOR: Gesellschaft für Ökonometrie und OR
- IFORS: International Federation of OR Societies

1979 Eine Identitätskrise des OR ist zu beobachten.

Es gibt mittlerweile eine ganze Reihe von Zeitschriften, in der Theorien und Anwendungen des Operations Research verbreitet werden. Hier seien nur einige wenige aufgeführt:

- Operations Research
- Management Science
- Interfaces
- Mathematics of Operations Research
- Marketing Science
- AIIE Transactions
- Decision Sciences
- Mathematical Programming
- European Journal of Operations Research
- Production and Inventory Management
- Omega
- ZOR
- OR-Spektrum

2. Begriffe

Operations Research umfaßt wissenschaftliche Methoden zur Vorbereitung **optimaler Entscheidungen**. Der Ursprung des Operations Research geht auf eine interdisziplinäre Arbeitsgruppe englischer Wissenschaftler zu Beginn des zweiten Weltkrieges zurück. Diese setzten bisher nicht praktisch angewandte naturwissenschaftliche Methoden für die Lösung militärischer Aufgaben ein bzw. entwickelten neue Verfahren.

Folgende **Definitionen** des Begriffes Operations Research finden wir in der Literatur:

- Operations Research dient der Vorbereitung einer Entscheidung im Rahmen eines Planungsprozesses. Dabei werden quantifizierbare Informationen (Daten) unter Einbeziehung eines oder mehrerer operational formulierbarer Ziele verarbeitet. OR arbeitet mit Modellen. Zur Formulierung und Lösung der Modelle bedient es sich mathematischer Methoden.

  (Domschke, Drexl)

- Operations Research ist die Lehre von Verfahren zur numerischen Lösung von Entscheidungsmodellen.

  (Dinkelbach)

- OR hat die Aufgabe der modellgestützten Vorbereitung von Entscheidungen zur Gestaltung und Lenkung von Mensch-Maschine-Systemen.

  (Müller-Merbach)

Aufgrund der erzielten Erfolge wurden Methoden des Operations Research auch für zivile Bereiche interessant. Das wachsende Interesse der freien Wirtschaft und der Hochschulen sowie der Beginn der elektronischen Datenverarbeitung trug wesentlich zur Weiterentwicklung des Operations Research bei.

In der Folgezeit konnte die praktische Relevanz des Operations Research durch die forcierte Anwendung zunächst klassischer Operations Research Methoden, wie z. B. linearer Programmierung, Projektmanagement oder Entscheidungstheorie, auf praktische Problemstellungen von

Wirtschaftsunternehmen gezeigt werden.

Im Laufe der letzten Jahre verbreiterte sich der Anwendungsbereich des Operations Research durch die Entwicklung neuer Methoden (wissensbasierte Systeme, Neuronale Netzwerke, Fuzzy Technologie etc.) wesentlich. Der Einsatz und die Verbesserung, die in den verschiedensten Wirtschaftsbereichen durch die Anwendung von Operations Research Methoden erzielt wurden, bestätigen die Effizienz dieser Disziplin.

Heutige Anwendungen des Operations Research liegen im Dienstleistungsbereich und in der Industrie z. B. auf den Gebieten der Lagerhaltung, Transport- und Standortplanung, Produktionsplanung und Produktionssteuerung, der Projektplanung, strategischen Planung, Finanzierung und dem Marketing.

Modellbildung und Problemlösung

In der beruflichen Tätigkeit des Ökonomen spielen die Phasen der Planung und Entscheidung eine wesentliche Rolle. Die Unternehmensforschung liefert die methodische Grundlage der Planung ökonomischer Abläufe. Die komplexen Abhängigkeiten und Verflechtungen wirtschaftlicher Realsysteme werden mit Hilfe mathematischer Modelle überschaubar dargestellt und die alternativen Handlungsmöglichkeiten im Modell quantitativ untersucht. Die am Modell gewonnenen Ergebnisse werden dann auf das Realsystem rückübertragen. Auf diese Weise können Planung und Entscheidung auf eine quantitative Basis gestellt werden.

Der Entscheidungsträger erhält Aussagen über die Wirkungen alternativer Handlungen. Der quantifizierbare Teil des Entscheidungsproblems wird transparent, die Entscheidung überschaubar.

In der folgenden Graphik wird der Zusammenhang zwischen den unterschiedlichen Modelltypen einerseits und der Realität mit den verschiedenen Ansprüchen dargestellt:

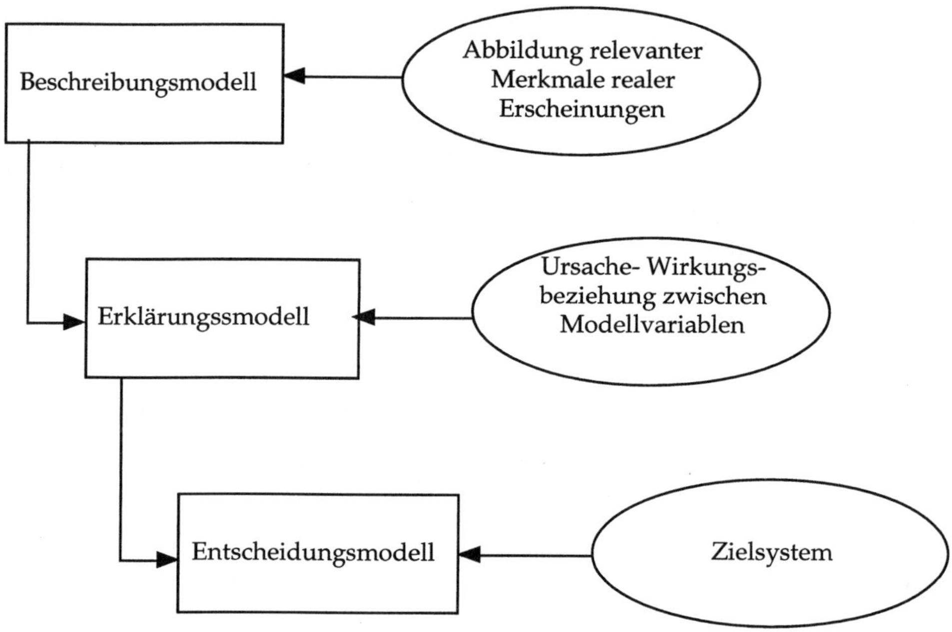

3. Überblick über OR-Verfahren

Folgende **OR**-Anwendungsbereiche sind zu unterscheiden:

- Spieltheorie
- Ersatzprobleme
- Warteschlangenprobleme
- Lagerhaltungsprobleme
- Terminplanung
- Transport-, Zuordnungs- und Verteilungsprobleme
- Travelling-Salesman, Knapsack, Chinese Postman)
- Mischungsproblem
- Produktionsplanung
- Systemzuverlässigkeit

Folgende **OR-Modelle** kennen wir:

- Lineare Optimierung
- Nichtlineare Optimierung
- Netzplan- und Netzflußalgorithmen
- Ganzzahlige, kombinatorische Optimierung
- Dynamische Optimierung
- Simulation
- Heuristiken

II Lineare Optimierung

"Alles, was ich über Moral und Pflicht weiß, verdanke ich dem Fußball."

Albert Camus

1. Einleitung

Zum ersten Mal kann man 1939 in der Arbeit vom russischen Mathematiker Kantorowicz etwas über mathematische Optimierung lesen. In seinem Werk "Mathematische Methoden in der Organisation und Planung der Produktion" schreibt er (aus G. B. Dantzig: "Lineare Programmierung und Erweiterungen, Ökonometrie und Unternehmensforschung. Ins Deutsche übertragen und bearbeitet von A. Jaeger, Springer-Verlag, Berlin - Heidelberg - New York; 1968):

"Es gibt zwei Wege, die Rentabilität der Arbeit eines Geschäftes, eines Unternehmens oder eines ganzen Industriezweiges zu vergrößern. Ein Weg besteht in verschiedensten Verbesserungen der Technik, z. B. neuem Zubehör für die einzelnen Maschinen, Änderungen der technischen Prozesse und der Entdeckung neuer, besserer Arten von Rohmaterial. Der andere Weg, der bis jetzt viel weniger benutzt wurde, besteht in der Verbesserung der Organisation, der Planung und Produktion. Das schließt solche Fragen ein wie die Arbeitsverteilung zwischen den Einzelmaschinen des Unternehmens oder zwischen Mechanismen, Auftragsverteilung zwischen den Unternehmen, die richtige Verteilung der verschiedenen Arten von Rohstoffen, Brennstoff und anderen Faktoren."

Im Jahre 1941 erschien eine weitere Arbeit auf dem Gebiet der linearen Optimierung. Der Amerikaner F. L. Hitchcock widmete sich in der Arbeit "The distribution of a product from several sources to numerous localities" dem Transportproblem. Sowohl die Arbeit von Hitchcock als auch das Werk von Kantorowicz blieben aber fast zwei Jahrzehnte unbeachtet.

Am Ende des zweiten Weltkrieges wurde verstärkt vor allem in den USA im militärischen Bereich an neuen Lösungswegen gearbeitet. Im Juni 1947 wurde ein Projekt mit dem Namen SCOOP (Scientific Computation of Optimum Programs) ins Leben gerufen. George B. Dantzig, John Norton, Marshall Woods und Murray Geisler arbeiteten an einem Modell zur Beschreibung industrieller Beziehungen einer Volkswirtschaft. Im Juli 1947 wurde das lineare Optimierungsmodell formuliert und Ende Sommer 1947 stellte Dantzig - unter Mitarbeit von Hurwicz und einem Hinweis von Koopmans - die Simplex-Methode vor. Diese bahnbrechende Methode stellte einen Meilenstein auf dem Gebiet der linearen Optimierung dar, da mit ihr alle **linearen Optimierungsprobleme** gelöst werden können.

Mathematiker und Wirtschaftswissenschaftler interessierten sich schnell für die Methode und ihre Anwendungen. Eine erste Anwendung fand das Verfahren während der Berliner Luftbrücke. Wirtschaftswissenschaftler wie T. C. Koopmans, Robert Dorfman und Paul Samuelson begannen, klasssische Probleme der Wirtschaftstheorie mit den neuen Erkenntnissen zu untersuchen. Aus dem Gebiet der Spieltheorie übertrugen John von Neumann und Oskar Morgenstern wichtige Ergebnisse, und entwickelten so die Dualitätstheorie für **Optimierungsprobleme**. John von Neumann und A. W. Tucker stellten Verbindungen zwischen Ungleichungen und der Spieltheorie zur linearen Programmierung her.

Immer stärkeren Einzug in Anwendungen der Wirtschaft und der Technik hielt die lineare Optimierung seit dem Beginn der fünfziger Jahre. Dies ist damit zu begründen, daß die gleichzeitige Entwicklung von Großrechenanlagen die Umsetzung auch von größeren Problemstellungen der Simplex-Methode ermöglichten. So wurde bereits 1956 auf einer IBM-Maschine Probleme mit mehr als 200 Gleichungen und 1000 Variablen in etwa 5 Stunden gelöst.

Erste wichtige wirtschaftliche Anwendungen erfolgten bei der Planung und Entwicklung von Erdölraffinerien.

Normalerweise werden mathematische Erkenntnisse nur in Fachzeitschriften veröffentlicht und finden auf diese Weise nur in einem sehr kleinen Kreis von Experten die entsprechende Anerkennung. Um so bedeutender war es deshalb, als der folgende Artikel, der nur in Ausschnitten wiedergegeben wird, auf der Titelseite der New York Times am 19. November 1984 veröffentlicht wurde:

> *"A 28-year-old mathematician at A. T. & T. Bell Laboratories has made a starting theoretical breakthrough in the solving of systems of equations that often grow too vast and complex for the most powerful computers.*
>
> *The discovery, which is to be formally published next month, is already circulating rapidly through the mathematical world. It has also set off a deluge of inquiries form brokerage houses, oil companies and airlines, industries with millions of dollars at stake in problems known as linear programming.*

These problems are fiendishly complicated systems, often with thousands of variables. They arise in a variety of commercial and government applications ranging from allocating time on a communications satellite to routing millions of telephone calls over long distance, or whenever time must be allocated most efficiently among competing users. Investment companies use them to devise portfolios with the best mix of stocks and bonds.

The Bell Labs mathematican, Dr. Narendra Karmarkar, has devised a radically new procedure that may speed the routine handling of such problems by business and Government agencies and also make it possible to tackle problems that are now far out of reach.

"This is a path-breaking result," said Dr. Ronald L. Graham, director of mathematical sciences for Bell Labs im Murray Hill, N. J. "Science has its moments of great progress, and this will be one of them."

Because problems in linear programming can have billions or more possible answers, even high-speed computers cannot check every one. So computers must use a special procedure, an algorithm, to examine as few answers as possible before finding the best one - typically the one that minimizes cost or maximizes efficiency.

A procedure devised in 1947, the simplex method, is now used for such problems, usually in the form of highly refined computer codes sold by the International Machines Corporation, among others.

The new Karmarkar approach exists so far only in rougher computer code. Its full value will be impossible to judge until it has been tested experimentally on a wide range of problems. But those who have tested the early versions at Bell Labs say that it already appears many times faster than the simplex method, and the advantage grows rapidly with more complicated problems.

"The problems that people would really like to solve are larger than can be done today", Dr. Karmarkar said. "I felt strongly that there must be a better solution."

Corporations Seek Answers

American Airlines, among others, has begun working with Dr. Karmarkar to see whether his technique will speed their handling of linear programming problems, from the scheduling of flight crews to the planning of fuel loads. Finding the best answer to the fuel problem, where each plane should refuel and how much it should carry, cuts fuel costs substantially.

"Its big dollars," said Thomas M. Cook, American's director of operations research. "We're hoping we can solve harder problems

faster, and we think there's definite potential."

The Exxon Corporation uses linear programming for a variety of applications, such as deciding how to spread its curde oil among refineries. It is one of several oil companies studying the Karmarkar algorithm.

"It promises a more rapid solution of linear programming problems," said David Smith of Exxon's communications and computer sciences department. "It's most important at times when conditions are changing rapidly, for example, the price of crude oil."

If Dr. Karmarkar's procedure performs as well as expected, it will be able to handle many linear programming problems faster than the simplex method can, saving money by using less computer time. But it may also be applied to problems that are left unsolved now because they are too big and too complex to tackle with the simplex method.

For example, A. T. & T, believes the discovery may provide a new approach to the problem of routing long-distance telephone calls through hundreds or thousands of cities with maximum efficiency. Because of the different volumes of calls between different places, the different capacities of the telephone lines and the different needs of users at different hours, the problem is extraordinarily difficult.

"Es steht im Augenblick 1:1. Aber es hätte auch umgekehrt lauten können."

Heribert Faßbender, ARD

2. Problemstellung und graphische Lösung

In dem folgenden Beispiel wird das der **linearen Optimierung** zu Grunde liegende Problem eingeführt und versucht, eine Lösung zu finden.

Beispiel

Das Unternehmen "Bei uns läuft alles anders" stellt zwei Produkte her. Das Produkt A ist für 4,- Euro und das Produkt B für 3,- Euro zu verkaufen.

Zur Produktion der zwei Artikel werden die drei Maschinen K, L und M eingesetzt und benötigt. Produkt A benötigt pro Einheit 1 Stunde auf Maschine K und 3 Stunden auf Maschine M. Zur Herstellung von Produkt B ist pro Einheit jeweils 1 Stunde auf Maschine K, L und M notwendig.

Gleichzeitig steht auf Grund technischer Bedingungen die Maschine K 8 Stunden, die Maschine L 6 Stunden und die Maschine M 18 Stunden pro Tag zur Verfügung.

Welche Mengen von Produkt A und B sollten pro Tag produziert werden, wenn das Ziel des Unternehmens die Umsatzmaximierung ist?

Wir führen zwei Entscheidungsvariablen ein, die wir mit x_1 und x_2 bezeichnen werden:

x_1: Anzahl Einheiten von Produkt A,

x_2: Anzahl Einheiten von Produkt B.

Bedenken wir, daß es nur sinnvoll ist, positive Maschinenstunden zu betrachten, so lassen sich fünf **Nebenbedingungen** dem Text entnehmen:

1.) $1x_1 + 1x_2 \leq 8$

2.) $1x_2 \leq 6$

3.) $3x_1 + 1x_2 \leq 18$

4.) $x_1 \geq 0$

5.) $x_2 \geq 0$

In einem weiteren Schritt formulieren wir die zu maximierende **Zielfunktion**, wobei Z eine reelle Zahl ist, die das Umsatzmaximum angibt:

$$4x_1 + 3x_2 \rightarrow \text{Maximum}$$

bzw.

$$4x_1 + 3x_2 = Z$$

bzw.

$$x_2 = \frac{Z}{3} - \frac{4}{3}x_1 .$$

Als Übersicht ergibt sich, wobei die Nichtnegativitätsbedingungen unberücksichtigt bleiben:

x_1	x_2	**Vorzeichen**	**Beschränkung**
1	1	≤	8
0	1	≤	6
3	1	≤	18
4	3	→	Maximum

Wollen wir die Nebenbedingungen näher untersuchen, so stören uns auf den ersten Blick die Ungleichheitszeichen. Wollen wir aber den Bereich graphisch einschränken, in dem die Lösung für unser Problem liegt, so müssen wir Funktionen betrachten, das bedeutet aber, daß aus den Ungleichungen Gleichungen werden müssen. Zu diesem Zweck führen wir Hilfsvariablen ein, um das obige System in Gleichungsform zu betrachten:

x_1	x_2	x_3	x_4	x_5	**Vorzeichen**	**Beschränkung**
1	1	1			=	8
0	1		1		=	6
3	1			1	=	18
4	3				→	Maximum

Da wir jeweils $x_1 \geq 0$ und $x_2 \geq 0$ vorausgesetzt haben, können wir uns beim Koordinatenkreuz auf den 1. Quadranten beschränken.

Graphisch bedeutet die erste Nebenbedingung, daß alle Punkte unterhalb der Geraden

$$1x_1 + 1x_2 = 8$$

bzw.

$$1x_2 = 8 - 1x_1$$

die Ungleichung erfüllen:

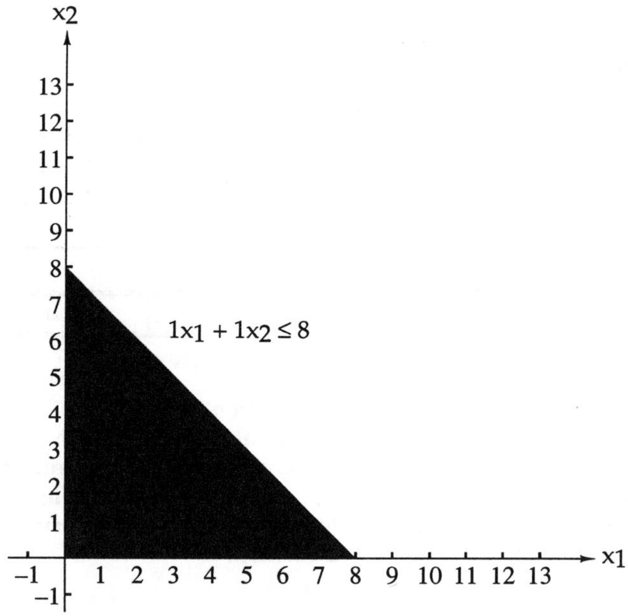

Die zweite Nebenbedingung besagt mit den gleichen Überlegungen wie bei der ersten Nebenbedingung:

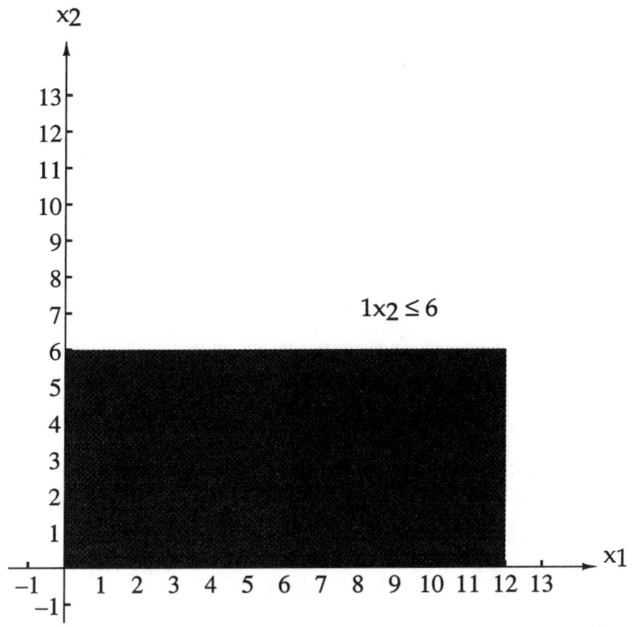

Als dritte Einschränkung ergibt sich:

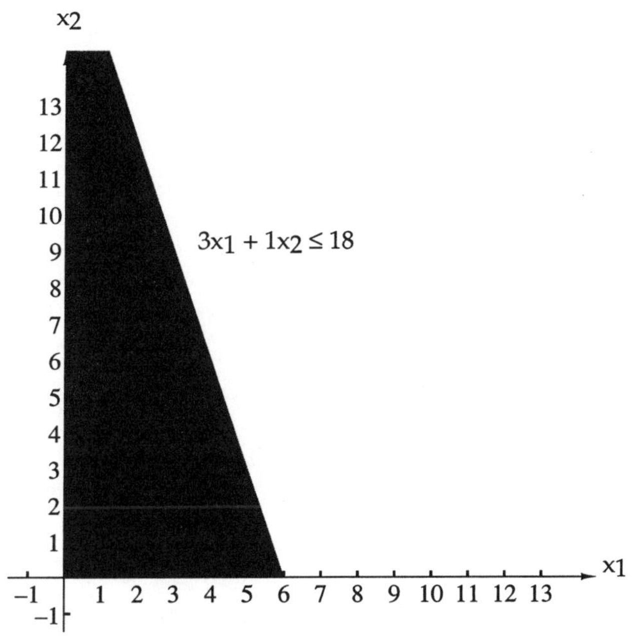

Da alle drei Nebenbedingungen **gleichzeitig** erfüllt sein müssen, ergibt sich folgende Fläche als Lösungsraum:

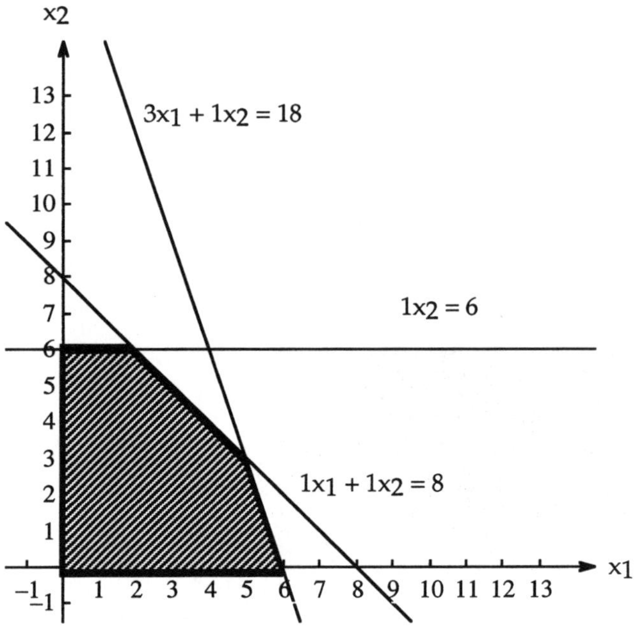

Bei der zu maximierenden Funktion erhalten wir eine ganze Schar von möglichen Funktionen, abhängig, wie der Gewinn ausfällt:

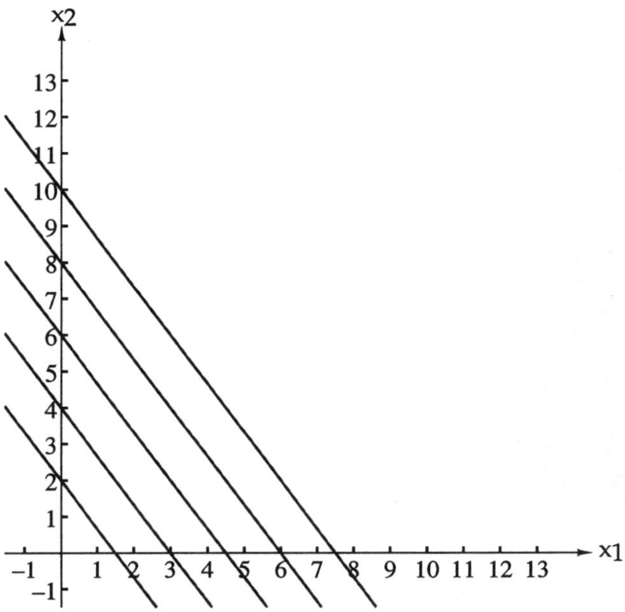

Diese unterschiedlichen Funktion zusammen ergeben folgendes Bild:

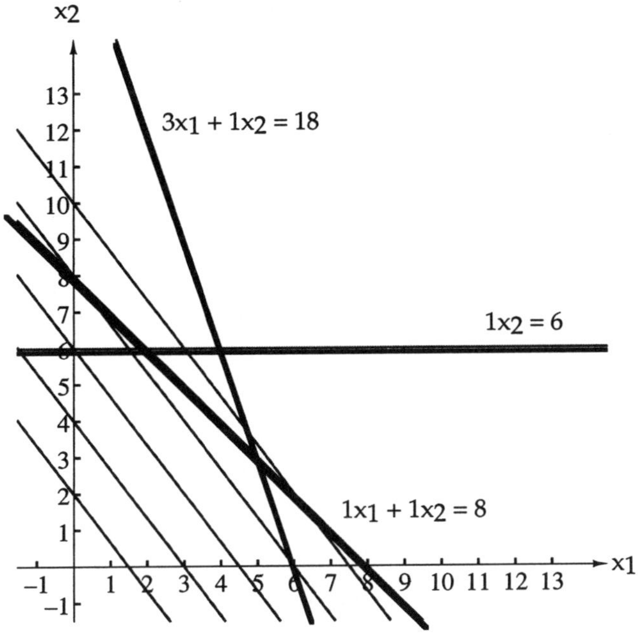

Als exakte Annäherung durch eine Gerade ergibt sich die Gerade

$$y = \frac{29}{3} - \frac{4}{3}x:$$

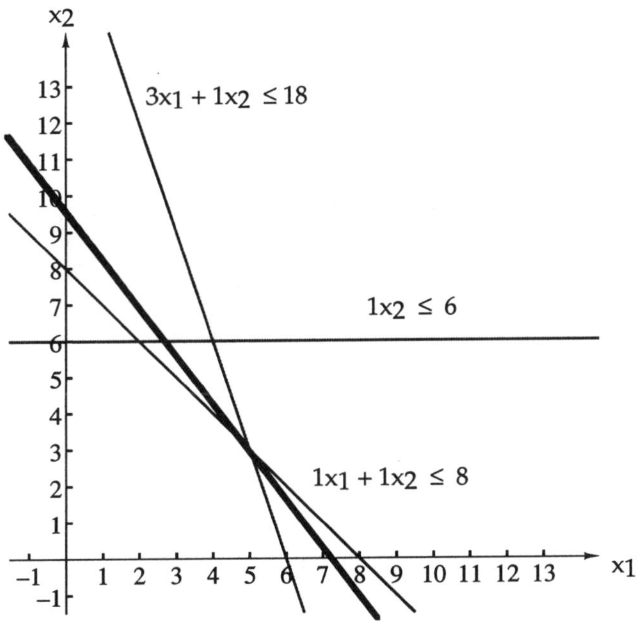

Die folgenden Schritte waren zur graphischen Lösung unseres Optimierungsproblems nötig:

a) Formuliere die dem Problem zugrunde liegenden Nebenbedingungen:

1.)	$1x_1$	+	$1x_2$	$\leq$	8
2.)			$1x_2$	$\leq$	6
3.)	$3x_1$	+	$1x_2$	$\leq$	18
4.)	x_1	$\geq$	0		
5.)	x_2	$\geq$	0		

b) Formuliere die Zielfunktion:

$$4x_1 + 3x_2 \rightarrow \text{Maximum}$$

bzw.

$$x_2 = \frac{Z}{3} - \frac{4}{3}x_1 ,$$

wobei Z eine reelle Zahl ist, deren Wert möglichst groß werden soll.

c.) Numeriere die einzelnen Ecken des zulässigen Lösungsbereiches E_1, E_2, E_3, E_4, E_5.

d) Da der Wert Z der zu maximierenden Funktion möglichst groß werden soll, verschiebe man die Funktion vom Ursprungspunkt (0,0) ausgehend parallel, so daß sie jeweils durch eine der Ecken E_1, E_2, E_3, .. , E_5 führt. Auf diese Weise erhält man eine Schar von parallelen linearen Funktionen. Man wähle die Funktion mit dem größten Wert z.

e) Diese Lage bezeichnet man als die maximale Lösung:

$$x_1^* = 5, x_2^* = 3.$$

Dies führt zu:

$$Z^* = 4 \cdot 5 + 3 \cdot 3 = 29.$$

Einige Beobachtungen sind nach dieser Problemlösung möglich:

- Die optimale Lösung verändert sich nicht durch die Berücksichtigung fixer Produktionskosten, da diese ja auf die Steigung der zu maximierenden Funktion keinen Einfluß nehmen.

- Es gibt in der Regel unendlich viele Lösungen eines linearen Optimierungsproblems. Diese kann man noch weiter unterscheiden:

  - unendlich viele **zulässige Lösungen (feasible solutions)**, die alle Nebenbedingungen erfüllen,

  - in der Regel **eine zulässige und optimale Lösung (optimal solution)** (Mit einer Ausnahme: Die Steigung der Zielfunktion entspricht der Steigung einer Nebenbedingung. Dann ist **jeder** Punkt zwischen den Eckpunkten auf dieser Nebenbedingung, die Eckpunkte eingeschlossen, eine optimale Lösung. Man nennt dies eine Situation der **Degeneration**.)

- Deshalb gibt es für jeden Punkt innerhalb des Lösungsgebietes mindestens einen Punkt auf dem Rand, der einen größeren Wert in der zu maximierenden Zielfunktion ergibt.

- Auf dem Rand unseres Lösungsgebietes können wir uns bei der Suche nach der optimalen Lösung auf die Eckpunkte beschränken. Eckpunkte sind solche Punkte, die sich als Schnittpunkt zweier Geraden ergeben, die die einzelnen Nebenbedingungen darstellen. In unserem Beispiel war die Anzahl der Eckpunkte endlich.

Liegt ein Maximierungsproblem vor, bei dem alle Nebenbedingungen bis auf die Nichtnegativitätsbedingungen der Variablen in Form von $\leq$ - Ungleichungen vorliegen, so werden wir von einem **Standardproblem** sprechen.

Aufgabe

Formen Sie das folgende Problem in ein Standardproblem um und suchen Sie die Lösung:

$$3x_1 + 5x_2 \rightarrow \text{Maximum}$$

unter den Nebenbedingungen

1.)	$2x_1$	$-$	$1x_2$	$\leq$	4
2.)	$3x_1$	$-$	$2x_2$	$\geq$	-2
3.)	x_1	$\geq$	0		
4.)	x_2	$\geq$	0		

Lösung

Das zu obigem Problem gehörende Standardproblem lautet:

$$3x_1 + 5x_2 \rightarrow \text{Maximum}$$

unter den Nebenbedingungen

1.)	$2x_1$	$-$	$1x_2$	$\leq$	4
2.)	$-3x_1$	$+$	$2x_2$	$\leq$	2
3.)	x_1	$\geq$	0		
4.)	x_2	$\geq$	0		

Die optimale Lösung liegt bei:

$$x_1 = 10 \text{ und } x_2 = 16.$$

Der optimale Zielfunktionswert Z lautet:

$$Z = 110.$$

Aufgabe

Suchen Sie graphisch die Lösung des Problems:

$$3x_1 + 4x_2 \rightarrow \text{Maximum}$$

unter den Nebenbedingungen

1.)	$3x_1$	-	$1x_2$	$\leq$	3
2.)	$2x_1$	+	$1x_2$	$\leq$	7
3.)	x_1	$\geq$	0		
4.)	x_2	$\geq$	0		

Lösung

Die Eckpunkte, die den Lösungsraum eingrenzen, lauten:

(0,0), (1,0), (0,7) und (2,3).

Die Lösung lautet

$$x_1 = 0 \text{ und } x_2 = 7$$

und der optimale Zielfunktionswert Z lautet

$$Z = 28.$$

Bislang haben wir ein Problem mit zwei Variablen und fünf Nebenbedingungen betrachtet. In der Regel werden wir aber auf wesentlich mehr Variablen und Nebenbedingungen eingehen müssen. Dann wird unser graphisches Verfahren allerdings nicht mehr möglich sein, so daß wir gezwungen werden, einen algebraischen Weg zur Ermittlung der Lösung zu finden.

Was müßte ein solches Verfahren in Anlehnung an unser graphisches Verfahren sicherstellen? Beim graphischen Verfahren haben wir, vom Koordinatenursprung ausgehend, die einzelnen Ecken unseres Lösungsgebietes durchlaufend, die optimale Lösung ermittelt. Da aber die Anzahl der Ecken bei einer steigenden Anzahl von Nebenbedingungen sehr groß werden kann, sollte ein solches Verfahren

- das Durchrechnen aller Ecken umgehen.

- das Optimum erkennen lassen, damit man das Ende des Verfahrens festlegen kann.

Wir werden im folgenden Abschnitt die theoretischen Grundlagen für ein solches Verfahren legen, das auf George B. Dantzig zurückgeht und als **Simplexverfahren** bezeichnet wird.

bird on the wire

Like a bird on the wire,
like a drunk in a midnight choir
I have tried in my way to be free.
Like a worm on a hook,
like a knight from some old fashioned book
I have saved all my ribbons for thee.
If I, if I have been unkind,
I hope that you can just let it go by.
If I, if I have been untrue
I hope you know it was never to you.
Like a baby, stillborn,
like a beast with his horn
I have torn everyone who reached out for me.
But I swear by this song
and by all that I have done wrong
I will make it all up to thee.
I saw a beggar leaning on his wooden crutch,
he said to me, "You must not ask for so much."
And a pretty woman leaning in her darkened door,
she cried to me, "Hey, why not ask for more?"

Oh like a bird on the wire,
like a drunk in a midnight choir
I have tried in my way to be free.

Leonard Cohen

3. Analyse von linearen Optimierungsproblemen

In diesem Abschnitt werden einige Definitionen und Aussagen aufgelistet, die für das Simplexverfahren von entscheidender Bedeutung sind. Für eine vertiefte Betrachtung sei auf die Werke von Domschke/Drexl, Neumann/Morlock und Lutz verwiesen.

Definition

Seien c_j ($j = 1, ..., p$), b_i ($i = 1, ..., m$) und a_{ij} ($i = 1, ..., m$; $j = 1, ..., p$) reelle Zahlen.

Ein **lineares Optimierungsproblem (LOP)** besteht aus:

a) einer linearen (Ziel-) Funktion

$$F(x_1, ..., x_p) = c_1x_1 + ... + c_px_p, \qquad (2.1)$$

die zu maximieren (oder zu minimieren) ist.

b) linearen Nebenbedingungen (= Restriktionen) der Form:

$$a_{i1}x_1 + ... + a_{ip}x_p \leq b_i \quad \text{für } i = 1, ..., m_1 \qquad (2.2)$$

$$a_{i1}x_1 + ... + a_{ip}x_p \geq b_i \quad \text{für } i = m_1 + 1, ..., m_2 \qquad (2.3)$$

$$a_{i1}x_1 + ... + a_{ip}x_p = b_i \quad \text{für } i = m_2 + 1, ..., m \qquad (2.4)$$

c) alle Variablen sind nicht negativ:

$$x_j \geq 0 \quad \text{für (einige oder alle) } j = 1, ..., p. \qquad (2.5)$$

Definition

a) Punkte (oder Vektoren) $x = (x_1, x_2, x_3, ..., x_p)$ des $\mathbf{R}^p$, die die Nebenbedingungen (2.2) - (2.4) erfüllen, nennt man **Lösungen** des LOPs.

b) Ist außerdem die Bedingung (2.5) erfüllt, so nennt man den Punkt x **zulässige Lösung (zulässiger Punkt)**.

c) Als **optimale Lösung** werden solche Punkte $x^* = (x_1^*, \ldots\ldots, x_p^*)$ bezeichnet, zu denen es kein zulässiges x mit größerem (bei einem Maximierungsproblem) bzw. mit kleinerem (bei einem Minimierungsproblem) Zielfunktionswert als $F(x^*)$ gibt.

d) Die Menge der zulässigen Lösungen des linearen Optimierungsproblems bezeichnen wir mit X, während X^* für die Menge der optimalen Lösungen eines LOPs steht.

Ein beliebiges LOP läßt sich in der folgenden Form aufschreiben:

$$\text{Maximiere } F(x_1, \ldots\ldots, x_p) = \sum_{j=1}^{p} c_j x_j$$

bzw.

$$F(x_1, \ldots\ldots, x_p) = \sum_{j=1}^{p} c_j x_j \quad \rightarrow \quad \text{Maximum}$$

unter den Nebenbedingungen:

$$\sum_{j=1}^{p} a_{ij} x_j \leq b_i \qquad \text{für alle } i = 1, \ldots\ldots, m$$

$$x_j \geq 0 \qquad \text{für alle } j = 1, \ldots\ldots, p$$

Können alle Nebenbedingungen des LOPs als Gleichungen geschrieben werden, so spricht man von der **Normalform eines LOPs.**

$$\text{Maximiere } F(x_1, \ldots\ldots, x_p) = \sum_{j=1}^{p} c_j x_j$$

unter den Nebenbedingungen:

$$\sum_{j=1}^{p} a_{ij} x_j = b_i \qquad \text{für alle } i = 1, \ldots\ldots, m$$

$$x_j \geq 0 \qquad \text{für alle } j = 1, \ldots\ldots, p$$

Eine solche Darstellung wird aus den Bedingungen (2.1) - (2.5) durch Einführung von **Schlupfvariablen** $x_{p+1}, \ldots\ldots, x_n$ möglich. Diese Schlupfvariablen werden in der Zielfunktion mit 0 bewertet, um so aus den Ungleichungen Gleichungen zu erhalten, aber gleichzeitig die ursprünglichen Nebenbedingungen nicht zu verändern:

$$\text{Maximiere } F(x_1, \ldots\ldots, x_p, x_{p+1}, \ldots\ldots, x_n) = \sum_{j=1}^{p} c_j x_j + \sum_{j=p+1}^{n} 0\, x_j$$

unter den Nebenbedingungen:

$$\sum_{j=1}^{p} a_{ij} x_j + x_{p+1} = b_i \qquad \text{für alle } i = 1, \ldots\ldots, m_1$$

$$\sum_{j=1}^{p} a_{ij} x_j - x_{p+1} = b_i \qquad \text{für alle } i = m_1 + 1, \ldots\ldots, m_2$$

$$\sum_{j=1}^{p} a_{ij} x_j = b_i \qquad \text{für alle } i = m_2 + 1, \ldots\ldots, m$$

$$x_j \geq 0 \qquad \text{für alle } j = 1, \ldots\ldots, n$$

Im Unterschied zu den Schlupfvariablen bezeichnet man die ursprünglichen Variablen $x_1, \ldots\ldots, x_p$ des Problems als **Strukturvariablen**.

Ein LOP kann auch in **Matrixschreibweise** formuliert werden:

$$\text{Maximiere } F(x) = c^T x$$

unter den Nebenbedingungen

$$Ax = b$$

mit:

$$x \geq 0,$$

wobei gilt:

$$A = \begin{pmatrix} a_{11} & a_{12} & \cdots & a_{1n} \\ a_{21} & a_{22} & \cdots & a_{2n} \\ \cdots & \cdots & \cdots & \cdots \\ a_{m1} & a_{m2} & \cdots & a_{mn} \end{pmatrix}$$

$$b^T = (b_1, b_2, \ldots, b_m)$$

$$c^T = (c_1, c_2, \ldots, c_n)$$

$$x^T = (x_1, x_2, \ldots, x_n)$$

Dabei ist c^T der zu c **transponierte** Vektor.

Wir beschäftigen uns im Folgenden vor allem mit Eigenschaften der Menge aller zulässigen Lösungen X und aller optimalen Lösungen X* eines LOPs.

Die Begriffe "beschränkte Menge", "unbeschränkte Menge" sowie "lineare Abhängigkeit" bzw. "Unabhängigkeit von Vektoren" werden als bekannt vorausgesetzt.

Um die Lösungen eines linearen Optimierungsproblems genau zu charakterisieren, ist der Begriff der **konvexen Menge** von zentraler Bedeutung und wird uns mehrmals begegnen.

Definition

Eine Menge K aus dem $\mathbf{R}^n$ heißt **konvex**, wenn mit je zwei Punkten $x' \in K$ und $x'' \in K$ auch jeder Punkt

$$y = \lambda x' + (1 - \lambda) x''$$

mit

$$0 \leq \lambda \leq 1$$

zu K gehört.

Die **konvexe Hülle H** einer beliebigen Menge K aus $\mathbf{R}^n$ ist die kleinste K enthaltende konvexe Menge.

Konvexität einer Menge K bedeutet anschaulich, daß mit zwei beliebigen Punkten aus dieser Menge K auch deren Verbindungsstrecke in K liegt. In der nachfolgenden Abbildung ist die Menge nicht konvex, da es zwei Punkte gibt, deren Verbindungsstrecke nicht vollständig in der Menge liegt:

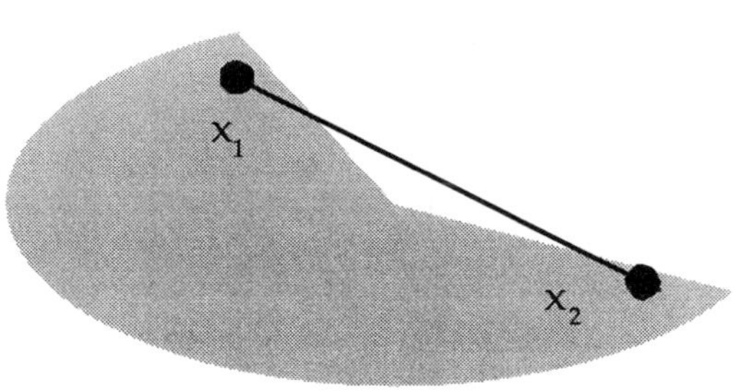

Definition

Seien

$$x_1, x_2, ..., x_r \text{ Punkte des } \mathbf{R}^n$$

und

$$\lambda_1, \lambda_2, ..., \lambda_r \text{ nichtnegative reelle Zahlen.}$$

Setzt man

$$\sum_{i=1}^{r} \lambda_i = 1$$

voraus, so wird

$$y := \sum_{i=1}^{r} \lambda_i x_i$$

als **konvexe Linearkombination oder Konvexkombination** der Punkte $x_1, x_2, ..., x_r$ bezeichnet.

Eine **echte konvexe Linearkombination** liegt vor, wenn außerdem

$$\lambda_i > 0$$

für alle $i = 1, ..., r$ gilt.

Definition

Die Menge aller konvexen Linearkombinationen endlich vieler Punkte x_1, x_2, ..., x_r des $\mathbf{R}^n$ wird (durch diese Punkte aufgespanntes) **konvexes Polyeder** genannt.

In der linearen Optimierung fallen den "Ecken" konvexer Polyeder eine ganz entscheidende Bedeutung zu. Deshalb formulieren wir, was darunter exakt zu verstehen ist.

Definition

Ein Punkt y einer konvexen Menge K heißt **Eckpunkt** oder **Extrempunkt** von K, wenn er sich nicht als echte konvexe Linearkombination zweier verschiedener Punkte x_1 und x_2 von K darstellen läßt.

Satz

Wir betrachten ein lineares Optimierungsproblem.

Dann gilt:

a) Die Menge der zulässigen Lösungen ist konvex.

b) Die Menge X aller zulässigen Lösungen des Problems ist als Durchschnitt konvexer Mengen ebenfalls konvex mit endlich vielen Eckpunkten.

Beweis

a) Sei X die Menge der zulässigen Lösungen. Seien x' und x'' zulässige Lösungen, so gilt:

$$Ax' = b\ ,\ x' \geq 0$$

und

$$Ax'' = b\ ,\ x'' \geq 0.$$

Mit $\lambda_1, \lambda_2 \geq 0, \lambda_1 + \lambda_2 = 1$ gilt daher auch:

$$A(\lambda_1\, x' + \lambda_2\, x'') = \lambda_1\, Ax' + \lambda_2\, Ax''$$

$$= \lambda_1 b + \lambda_2 b$$

$$= (\lambda_1 + \lambda_2) b = b,$$

mit

$$\lambda_1 x' + \lambda_2 x'' \geq 0,$$

also ist $\lambda_1 x' + \lambda_2 x''$ auch eine zulässige Lösung.

Welche Bedeutung haben Eckpunkte für unsere Fragestellung? Warum haben wir geraden den Begriff des Eckpunktes eingeführt?

In der folgenden Aussagen wird gezeigt, daß das Optimum einer Funktion in mindestens einem Eckpunkt angenommen wird.

Satz

Wir betrachten eine lineare Funktion F auf einem konvexen Polyeder X.

Dann nimmt die Funktion F ihr Optimum in mindestens einem Eckpunkt von X an.

Bemerkung

Man kann zeigen, daß auch bei einem unbeschränkten zulässigen Bereich X eines LOPs mindestens eine Ecke von X optimale Lösung ist, falls überhaupt eine Lösung des Problems existiert.

Daher kann man sich bei der Lösung von LOPs auf die Untersuchung des zulässigen Bereichs beschränken.

Satz

Die Menge X* aller optimalen Lösungen eines LOPs ist konvex.

Die Menge der x, die die Nebenbedingungen erfüllen, heißt die Menge der **zulässigen (feasible)** Lösungen. Ist diese Menge nicht leer und ist der Maximand auf dieser Menge beschränkt, dann gibt es stets ein endliches Maximum. Man kann zeigen, daß die Menge der Optimallösungen einen konvexen Bereich darstellt.

Nun nimmt eine Funktion über einen konvexen Polyeder ihr Maximum in einem (oder mehreren) Eckpunkten an. Dieses wichtige Eckenprinzip läßt sich für die numerische Berechnung ausnutzen. Die sogenannte **Simplex-Methode** besteht darin, zunächst einen Eckpunkt zu finden und dann den Wert des Maximanden in diesem Eckpunkt zu vergleichen mit seinem Wert in benachbarten Eckpunkten.

Definition

a) Gegeben sei ein lineares Optimierungsproblem in der Normalform mit m' als Rang der (m x n) - Matrix A (Anzahl der linear unabhängigen Zeilen- bzw. Spaltenvektoren) mit $n \geq m \geq m'$.

Eine zulässige Lösung x heißt **Basislösung** des Problems, wenn n - m' der Variablen x_i gleich Null und die zu den restlichen m' Variablen x_j gehörenden Spaltenvektoren a_j linear unabhängig sind.

b) Eine Basislösung, die alle Nichtnegativitätsbedingungen erfüllt, heißt **zulässige Basislösung**.

c) Die m' (ausgewählten) linear unabhängigen Spaltenvektoren a_j einer (zulässigen) Basislösung heißt **Basisvektoren**; die zugehörigen x_j nennt man **Basisvariable.**

Alle übrigen Spaltenvektoren a_j heißten **Nichtbasisvektoren**; die zugehörigen x_j nennt man **Nichtbasisvariable**.

d) Die Menge aller Basisvariablen x_j einer Basislösung bezeichnet man kurz als **Basis.**

Der Zusammenhang zwischen Eckpunkten bzw. Extrempunkten einerseits und Basislösung andererseits wird durch die folgende Aussage beleuchtet.

Satz

Ein Vektor x ist genau dann zulässige Basislösung eines LOPs, wenn er einen Eckpunkt von X darstellt.

4. Das Simplex-Verfahren

Das bekannteste Verfahren zur Lösung von Problemen im Bereich der linearen Optimierung ist die Simplex-Methode, die als die klassische Lösungsmethode für Aufgaben in diesem Bereich angesehen werden kann. George B. Dantzig veröffentlichte 1947 seine Lösung zu diesem Thema.

Im Gegensatz zu Verfahren bei der Bestimmung von Extremwerten in der Differentialrechnung wird die Lösung **iterativ** bestimmt. Lösungsidee der Simplex-Methode ist es, eine zulässige "Basis(lösung)" zu suchen (d.h. einen Eckpunkt des Lösungsgebietes) und durch Austausch von Variablen von ihr aus zu einer anderen zulässigen Basislösung in der Richtung fortzuschreiten, wo beim bevorstehenden Schritt der Beitrag zum Ziel am größten ist. Grundsätzlich sind drei Punkte beim Simplex-Verfahren zu beachten und zu durchlaufen.

Das Simplex-Verfahren

Die drei Schritte des Simplex-Algorithmus:

Schritt 1 (Wahl der Pivotspalte):

Enthält die Zielfunktionszeile nur nichtnegative Werte, so ist die aktuelle Basislösung optimal; das Verfahren kann beendet werden.

Ansonsten wird diejenige Spalte t mit dem kleinsten (negativen) Wert in der Zielfunktionszeile (stehen mehrere Spalten mit kleinstem Wert zur Auswahl, so wähle unter diesen eine beliebige) bestimmt. Die zugehörige Nichtbasisvariable x_t wird neu in die Basis aufgenommen. Die Spalte t nennt man **Pivotspalte**.

Schritt 2 (Wahl der Pivotzeile):

Sind in der Pivotspalte alle $a_{it} \leq 0$, so kann für das betrachtete Problem keine optimale Lösung angegeben werden (unbeschränktes Problem); das Verfahrens ist beendet.

Ist dies nicht der Fall, bestimme eine Zeile s, für die gilt:

$$\frac{b_s}{a_{st}} = \min \{\frac{b_s}{a_{it}} \mid i = 1, \ldots\ldots, m \text{ mit } a_{it} > 0 \}.$$

Die zu Zeile s gehörige Basisvariable verläßt die Basis. Die Zeile s nennt man **Pivotzeile**, das Element heißt **Pivotelement**.

Schritt 3 (Berechnung der neuen Basislösung des neuen Simplextableaus):

a) Durch elementare Umformungen wird unter der neuen Basisvariablen ein Einheitsvektor $a_{st} = 1$ geschaffen.

b) Durch Vertauschen der Spalten der beiden beim Basistausch beteiligten Variablen einschließlich der Variablenbezeichnungen könnte ein neues Tableau in kanonischer Form ermittelt werden.

Auf Schritt 3b) kann verzichtet werden.

Konkret bedeutet Schritt 3 die Umrechnung eines Gleichungssystems, wobei die folgenden Punkte zu befolgen sind.

Umrechnung des Gleichungssystems

Die Werte in der ausgewählten Zeile werden durch den entsprechenden Wert geteilt und anschließend wird das entsprechend Vielfache dieser Zeile von allen übrigen Zeilen subtrahiert, um so in diesen übrigen Spalten Nullen zu erhalten. Diese Umformungen erfolgen völlig analog der Lösung eines linearen Gleichungssystems.

Wir werden jetzt mit der Simplex-Methode das Ergebnis, das wir zu Beginn des Kapitels graphisch ermittelt haben, bestätigen bzw. überprüfen. Dazu betrachten wir die folgende Ausgangstabelle:

x_1	x_2	x_3	x_4	x_5	x_6	b
1	1	1	0	0	0	8
0	1	0	1	0	0	6
3	1	0	0	1	0	18
-4	-3	0	0	0	1	0

1. Wahl der Pivotspalte:

Als kleinsten negativen Wert erkennen wir in der Zielfunktionszeile der Ausgangstabelle den Wert -4, somit wählen wir die Spalte bzgl. der Variablen x_1.

2. Wahl der Pivotzeile:

Wir betrachten jeweils die Quotienten aus der b-Spalte und der im 1. Schritt bestimmten x_1-Spalte und erhalten:

$$\frac{b_r}{a_{r,s}} = \min\left\{\frac{8}{1}, \frac{18}{3}\right\} = 6 .$$

Dies bestimmt die 3. Gleichung als Pivotzeile.

3. Bestimmung der neuen Baislösung:

Wir dividieren die 3. Zeile durch die Zahl 3. Die zweite Zeile kann unverändert übernommen werden, da hier bereits eine Null erkennbar ist. Indem wir etwa die neue 3. Zeile von der 1. Zeile subtrahieren, erhalten wir auch in der 1. Zeile eine Null. Bzgl. der Zielfunktionszeile addieren wir das 4-fache der 3. Zeile.

Dies führt zu der neuen Tabelle:

x_1	x_2	x_3	x_4	x_5	x_6	b
0	$\frac{2}{3}$	1	0	$-\frac{1}{3}$	0	2
0	1	0	1	0	0	6
1	$\frac{1}{3}$	0	0	$\frac{1}{3}$	0	6
0	$-\frac{5}{3}$	0	0	$\frac{4}{3}$	1	24

In der neuen Zielfunktionszeile gibt es noch negative Werte, somit muß das Simplex-Verahren fortgesetzt werden.

1. Wahl der Pivotspalte:

Als kleinsten negativen Wert erkennen wir in der Zielfunktionszeile der neuen Ausgangstabelle den Wert $-\frac{5}{3}$, somit wählen wir die Spalte bzgl. der Variablen x_2.

2. Wahl der Pivotzeile:

Wir betrachten jeweils die Quotienten aus der b-Spalte und der im 1. Schritt bestimmten x_2-Spalte und erhalten:

$$\frac{b_r}{a_{r,s}} = \min \left\{ \frac{2}{\frac{2}{3}}, \frac{6}{1}, \frac{6}{\frac{1}{3}} \right\} = \min \{ 3, 6, 18\} = 2 .$$

Dies bestimmt die 1. Gleichung als Pivotzeile.

3. Bestimmung der neuen Baislösung:

Wir dividieren die 1. Zeile durch die Zahl $\frac{2}{3}$. Von der zweiten Zeile subtrahieren wir die neue 1. Zeile. Wir multiplizieren die neue 1. Zeile mit dem Wert $\frac{1}{3}$ und subtrahieren diese von der 3. Zeile. Bzgl. der Zielfunktionszeile addieren wir das $\frac{5}{3}$-fache der 1. Zeile.

Dies führt zu der neuen Tabelle:

x_1	x_2	x_3	x_4	x_5	x_6	b
0	1	$\frac{3}{2}$	0	$-\frac{1}{2}$	0	3
0	0	$-\frac{3}{2}$	1	$\frac{1}{2}$	0	3
1	0	$\frac{1}{2}$	0	$\frac{1}{2}$	0	5
0	0	$\frac{5}{2}$	0	$\frac{1}{2}$	1	29

Hier erkennen wir unmittelbar, daß alle Werte der Zielfunktionszeile positiv sind. Somit ist das Verfahren beendet und wir erkennen als Basisvariablen x_1 und x_2 mit den Werten:

$$Z^* = 29; \; x_1^* = 5, \; x_2^* = 3.$$

Aufgabe

Bestimmen Sie die Lösung des Problems:

$$3x_1 + 10x_2 \rightarrow \text{Maximum}$$

unter den Nebenbedingungen

1.)	$4x_1$	$-\ 15x_2$	$\leq$	10
2.)	$1x_1$		$\leq$	5
3.)	$6x_1$	$+\ 27x_2$	$\leq$	118
4.)	x_1	$\geq$	0	
5.)	x_2	$\geq$	0	

Lösung

Die Lösung lautet

$$x_1 = 5 \text{ und } x_2 = 3{,}26$$

und der optimale Zielfunktionswert Z lautet

$$Z = 47{,}6.$$

Aufgabe

Eine erste konkrete Anwendung fand die Simplex-Methode kurz nach dem 2. Weltkrieg, als die Sowjetunion am 24. Juni 1948 alle Wasser- und Landverbindungen nach West-Berlin sperrte. Wie konnten die Alliierten die Bevölkerung West-Berlins während der Blockade versorgen? Es wurde eine Luftbrücke organisiert. Das ursprüngliche Problem besaß mehr als 50 Variablen. Darin enthalten war die Anzahl der Flugzeuge, die Anzahl der Start- und Landebahnen, Bedarfe in West-Berlin und in der Bundesrepublik Deutschland.

In einer vereinfachten Version betrachten wir folgende Version:

Maximiere die Frachtkapazitäten der Flugzeuge unter den folgenden Nebenbedingungen:

1.) Die Anzahl der Flugzeuge ist kleiner oder gleich 44.

2.) Die amerikanischen Flugzeuge sind größer als die britischen und benötigen deshalb die doppelte Besatzung. Sind also zwei Besatzungen für eine amerikanische Maschine notwendig, so reicht eine Besatzung für eine britische Maschine aus. Insgesamt gibt es 64 Besatzungen.

3.) Ein britischer Flug kostet 5.000,- Dollar und ein amerikanischer 9.000.- Dollar. Die Gesamtkosten pro Woche dürfen höchstens 300.000,- Dollar betragen.

4.) Die Frachtkapazitäten eines amerikanischen Fluges betrage 840 cbm, die eines britischen Fluges 560 cbm.

Erstellen Sie die zu diesem Problem gehörende Zielfunktion und die Nebenbedingungen und lösen Sie das Problem mit der Simplex-Methode.

Lösung

Sei x_1 die Anzahl der amerikansichen und x_2 die Anzahl der britischen Flugzeuge. Die folgende Tabelle gibt die Nebenbedingungen komprimiert wieder:

	amerikanische Flugzeuge	britische Flugzeuge	Begrenzungen
Anzahl Flugz.	x_1	x_2	44
Besatzungen	2	1	64
Flugkosten	9.000	5.000	300.000
Kapazität	840	560	

Das lineare Optimierungsproblem lautet:

$$840x_1 + 560x_2 \rightarrow \text{Maximum}$$

unter den Nebenbedingungen

$$1.)\quad 1x_1 + 1\,1x_2 \leq 44$$

$$2.)\quad 2x_1 + 1x_2 \leq 64$$

$$3.)\quad 9.000x_1 + 5.000x_2 \leq 300.000$$

$$4.)\quad x_1 \geq 0$$

$$5.)\quad x_2 \geq 0$$

Lösung

Für die Werte x_1 und x_2 gilt:

$$x_1 = 20 \text{ und } x_2 = 24$$

und der optimale Zielfunktionswert Z lautet:

$$Z = 30.240.$$

Dies bedeutet, daß 20 amerikanische und 24 britische Flugzeuge einzusetzen sind, wobei dies zu einer Frachtkapazität von 30.240 cbm führt.

5. Ganzzahlige Optimierung

Bei unserem bisherigen Ausgangsproblem haben wir jede reelle Zahl als Teil der Lösung zugelassen. In der Praxis muß man aber sehr häufig davon ausgehen, daß nur 10, 11 oder 12 Stücke eines bestimmten Produktes gefertigt bzw. ausgeliefert werden sollen. Es macht einfach keinen Sinn, von 11,23 Stücken zu sprechen. Dies führt dazu, daß man zu den bereits bekannten Rahmenbedingungen fordert, daß die Lösung ganzzahlig sein soll.

Nun könnte man leichtsinnigerweise so vorgehen, daß man die bestehende, in der Regel nicht ganzzahlige Lösung auf- bzw. abrundet. Dies wird allerdings, wie wir sehen werden, nicht immer zur optimalen neuen Lösung führen.

Beispiel

Wir betrachten das folgende Ausgangsproblem:

1.)	$100x_1$			$\leq$	555
2.)	$1000x_1$	+	$1321x_2$	$\leq$	8880
3.)	$1x_1$	-	$1x_2$	$\leq$	4
4.)	x_1	$\geq$	0		
5.)	x_2	$\geq$	0		

$$20x_1 + 24x_2 \rightarrow \text{Maximum}$$

Als optimale Lösung ohne Berücksichtigung der Ganzzahligkeit erhalten wir:

$$x_1 = 5{,}55$$

$$x_2 = 2{,}5$$

$$Z = 171{,}1$$

Fordern wir jetzt die Ganzzahligkeit ein, und wollen diese durch Runden erhalten, so erhalten wir als eine mögliche Lösung:

$$x_1 = 5$$

$$x_2 = 2$$

$$Z = 148$$

Durch weitere Überlegungen erkennt man aber, daß die ganzzahlige optimale Lösung bei

$$x_1 = 2$$

$$x_2 = 5$$

$$Z = 160$$

liegt.

Das soeben aufgeführte Beispiel macht deutlich, daß wir uns um ein Verfahren bemühen müssen, das uns systematisch zur optimalen ganzzahligen Lösung führt. Ein solcher Algorithmus ist das **Branch-and-Bound-Verfahren**. Übersetzt man die beiden Begriffe, so steht Branch für Zweig und Bound für Grenze bzw. Schranke.

Dieser Algorithmus arbeitet nach folgendem Prinzip: In einem ersten Schritt möge man die Bedingung der Ganzzahligkeit ignorieren, dann löst man das verbliebene Problem ohne Ganzzahligkeitsbedingung und hofft, daß die Lösung ganzzahlig ist. Da aber in der Regel diese Hoffnung teilweise unerfüllt bleibt, braucht man eine Strategie, wie man systematisch eine ganzzahlige optimale Lösung erreicht. Dazu betrachtet man dann Teilprobleme, die immer weiter vertieft untersucht werden, bis die optimale Lösung gefunden wird.

Beispiel

Wir betrachten das folgende Ausgangsproblem

$$17x_1 + 12x_2 \rightarrow \text{Maximum}$$

unter den Nebenbedingungen

1.)	$10x_1$	$+$	$7x_2$	$\leq$	40
2.)	$1x_1$	$+$	$1x_2$	$\leq$	5
3.)	x_1, x_2	$\geq$	0		
4.)	x_1, x_2 ganzzahlig				

Getreu unserem Ansatz (ignoriere die Bedingung der Ganzzahligkeit und löse das verbleibende Optimierungsproblem und hoffe, daß die Lösung ganzzahlig ist,) erhalten wir als Lösung:

$$x_1 = 1{,}66$$

$$x_2 = 3{,}33$$

$$Z = 68{,}33$$

Es ist nun unschwer zu erkennen, daß unsere Hoffnung auf Ganzzahligkeit der Lösung nicht erfüllt wurde.

Ein häufig gegangener Weg besteht darin, die vorhandene Lösung auf- bzw. abzurunden. Dies führt zu

$$x_1 = 2$$

$$x_2 = 3$$

$$Z = 70$$

Betrachten wir die graphische Aufbereitung unseres Problems,

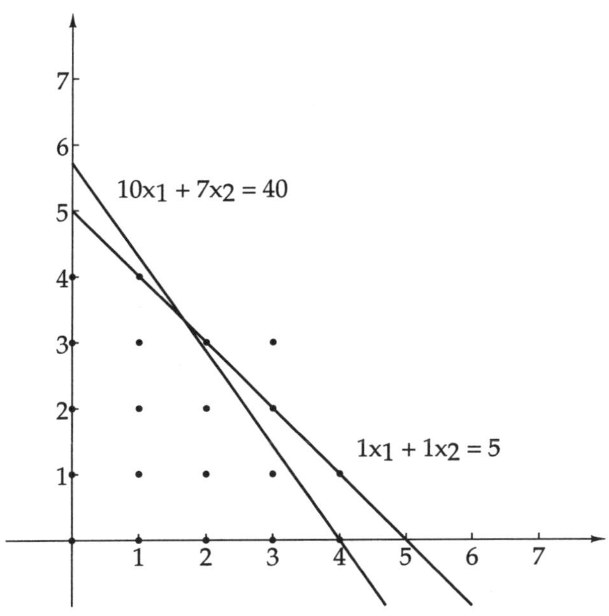

so erkennen wir, daß der Punkt (2;3) nicht im Lösungsbereich liegt und somit nicht zulässig als Lösung ist. Wir könnten statt des Punktes (2;3) zum Beispiel den Punkt (1;3) wählen, aber auch hier erkennen wir aus der graphischen Darstellung, daß dies keine optimale Lösung darstellt. Natürlich können wir bei einem solch kleinen Problem schnell die Lösung graphisch ablesen oder aber durch Experimentieren finden, wie kann aber, speziell auch für umfangreichere Darstellungen, systematisch die Lösung gefunden werden?

Dazu betrachten wir die nicht ganzzahlige Lösung

$$x_1 = 1{,}66$$

und suchen die ganzzahlige Lösung einmal links und einmal rechts von diesem Wert. Auf diese Weise gibt es zwei Fälle zu unterscheiden:

$$P_1: x_1 \leq 1$$

bzw.

$$P_2: x_1 \geq 2$$

Wir betrachten zuerst P_1 und erhalten als optimale Lösung:

$$x_1 = 1$$

$$x_2 = 4$$

$$Z = 65$$

Bei Problem P_2 ergibt sich

$$x_1 = 2$$

$$x_2 = 2{,}86$$

$$Z = 68{,}29$$

Somit können wir das bislang Erreichte folgendermaßen zusammenfassen:

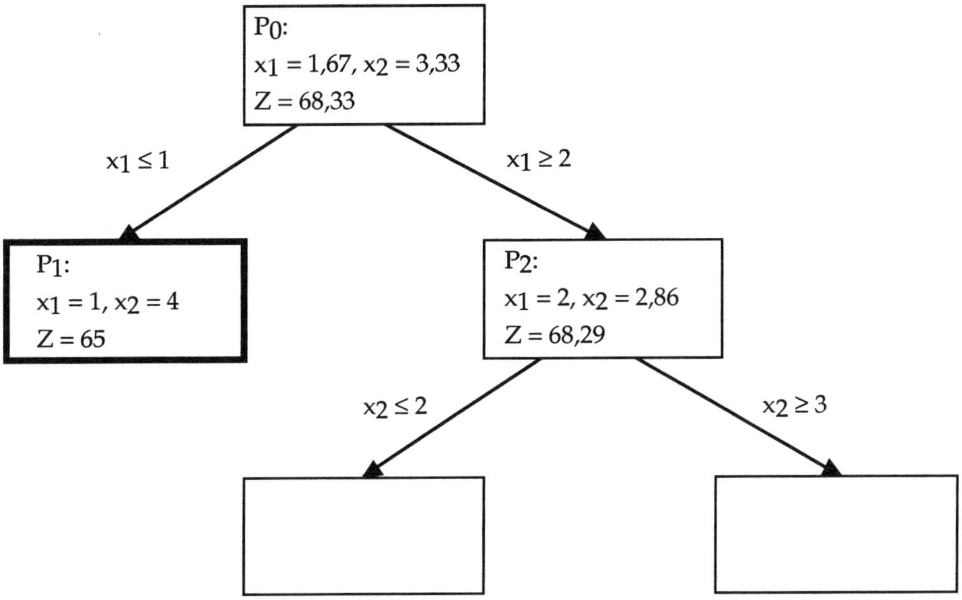

Wäre dieser neu errechnete Zielwert kleiner als der beste ganzzahlige Zielwert, könnten wir unsere Berechnungen einstellen; da dies aber nicht der Fall ist, müssen wir unsere systematische Suche fortsetzen.

Wir wenden uns unserer Lösung für P_2 zu

$$x_2 = 2{,}86.$$

und unterscheiden zwei Möglichkeiten:

$$P_3\colon x_2 \leq 2$$

bzw.

$$P_4\colon x_2 \geq 3$$

Anhand der graphischen Darstellung wird deutlich, daß wir einen Baum von Unterproblemen bzw. Teilproblemen der linearen Optimierung entwickeln, den sogenannten **Enumerations-Baum (enumeration tree)**.

Bei Problem P_3 ergibt sich als Lösung

$$x_1 = 2{,}6$$

$$x_2 = 2$$

$$Z = 68{,}2$$

und für P_4 müssen wir feststellen, daß es keine zulässige Lösung gibt, da der Punkt (2;3) nicht im Simplex-Bereich der Nebenbedingungen liegt.

Ergänzen wir diese neuen Erkenntnisse zu unserem Enumerations-Baum, so erhalten wir die folgende Darstellung:

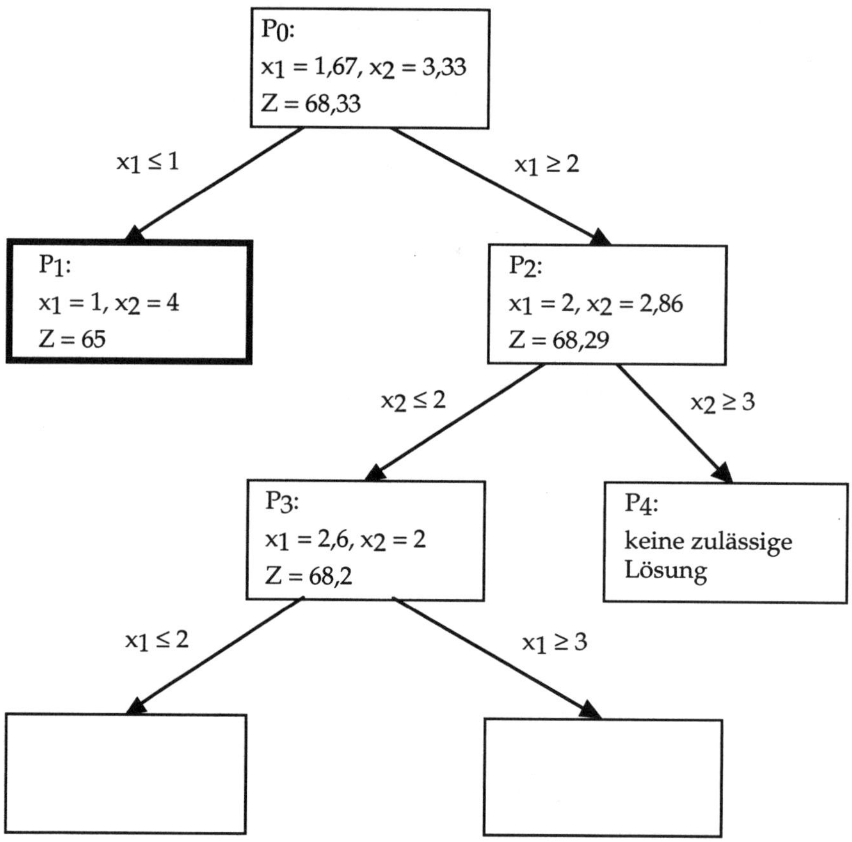

Wir erkennen unmittelbar, daß lediglich der Pfad mit dem Teilproblem P_3 weiter zu verfolgen ist und unterscheiden zwei neue Fälle:

$$P_5: x_1 \leq 2$$

bzw.

$$P_6: x_1 \geq 3$$

Betrachten wir die jeweiligen Teilprobleme, so erhalten wir für P_5

$$x_1 = 2$$

$$x_2 = 2$$

$$Z = 58$$

und für P_6

$$x_1 = 3$$

$$x_2 = 1{,}43$$

$$Z = 68{,}14$$

und können auf diese Weise unseren Baum weiter vertiefen:

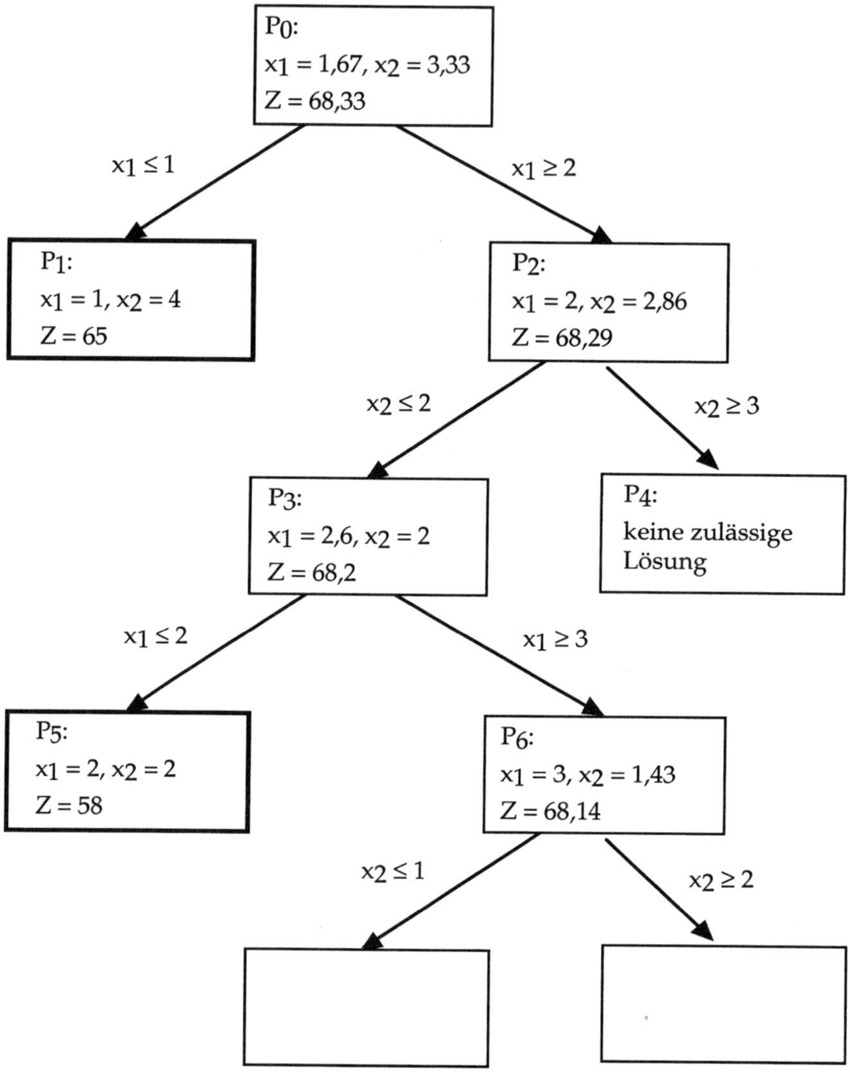

Wiederum vertiefen wir unsere Betrachtung und unterscheiden

$$P_7\colon x_2 \leq 1$$

bzw.

$$P_8\colon x_2 \geq 2$$

Betrachten wir die jeweiligen Teilprobleme, so erhalten wir für P_7

$x_1 = 3{,}3$

$x_2 = 1$

$Z = 68{,}1$

und für P_8 können wir keine zulässige Lösung erkennen.

Wir müssen P_7 weiter vertiefen und betrachten dazu

P_9: $x_1 \leq 3$

bzw.

P_{10}: $x_1 \geq 3$

Betrachten wir die jeweiligen Teilprobleme, so erhalten wir für P_9

$x_1 = 3$

$x_2 = 1$

$Z = 63$

und für P_{10}

$x_1 = 4$

$x_2 = 0$

$Z = 68$

Die Lösung für P_9 ist eine ganzzahlige, die aber einen Zielwert besitzt, der geringer ausfällt als die bislang gefundene ganzzahlige Lösung. Auch P_{10} liefert eine ganzzahlige Lösung. Betrachten wir auch hier den Zielwert, so erkennen wir, daß wir einen Zielwert erhalten haben, der über dem der besten ganzzahligen Lösung liegt. Auf diese Weise haben wir eine neue beste ganzzahlige Lösung gefunden und machen dies in der Graphik dadurch deutlich, daß wir den zugehörigen Kasten fett einrahmen.

Dann stellt sich der Enumerations-Baum nun folgendermaßen dar:

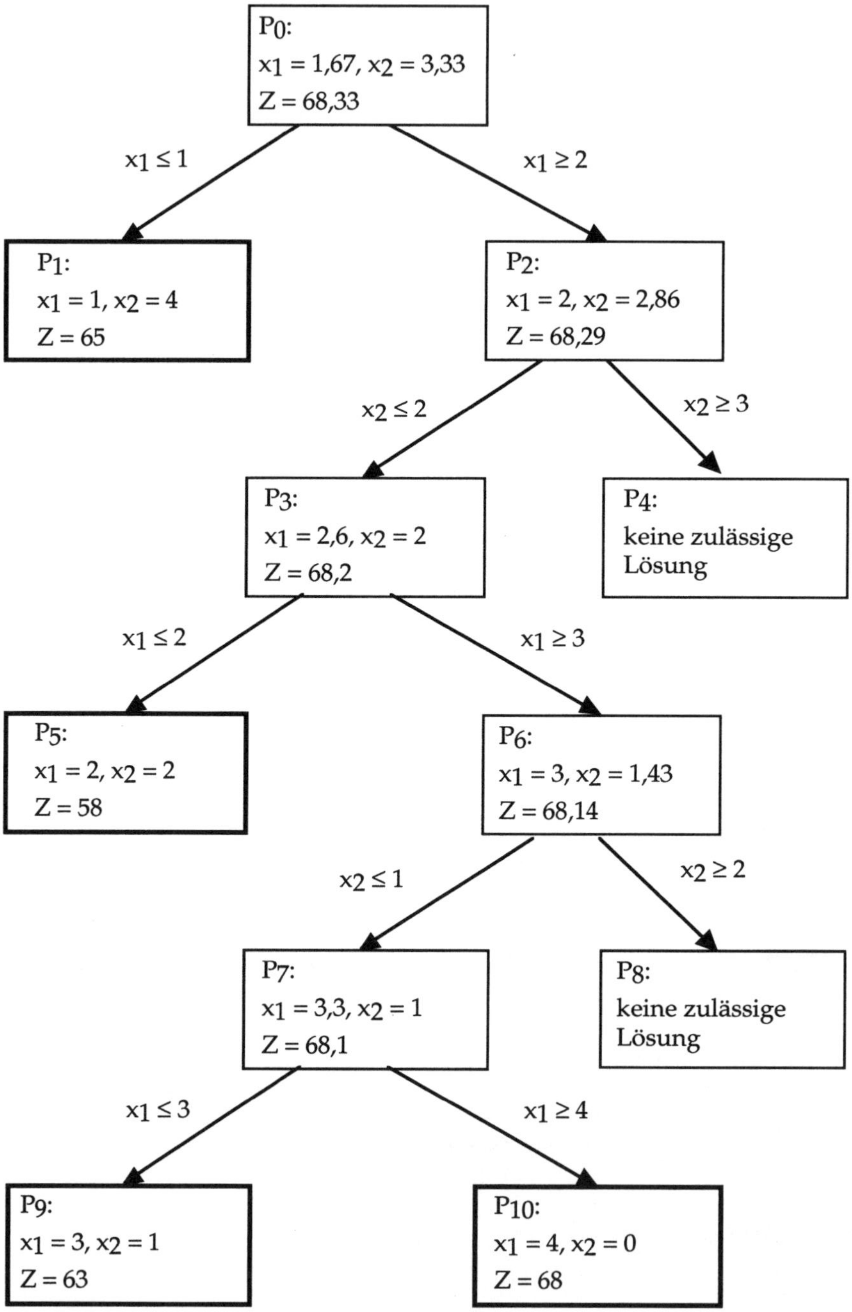

6. Das Duale Problem

Liegt ein lineares Optimierungsproblem nicht in der **Normalform** vor, so kann man durch Einführung zusätzlicher Schlupfvariablen trotzdem mit dem Simplexverfahren eine Lösung gewinnen. Allerdings führt dieses Vorgehen bei Verfahren der Form

$$4x_1 + 1x_2 + 3x_3 \rightarrow \text{Minimum}$$

unter den Nebenbedingungen

1.) $1x_1 + 4x_2 \geq 1$

2.) $3x_1 - 1x_2 + 1x_3 \geq 3$

3.) $x_1, x_2, x_3 \geq 0$

zu einem erheblichen Rechenaufwand. Um ein solchen zusätzlichen Aufwand zu vermeiden, wendet man sich dem dualen Problem zu.

Neben dem großen theoretischen Interesse, das mit dem dualen Problem verbunden ist, bildet die Dualitätstheorie auch gleichzeitig die Grundlage und den Einstieg in die **Sensitivitätsanalyse**. Auch wird über das duale Problem die Basis zur Entwicklung neuer und effizienter Computertechniken gelegt.

Zu jedem (**primalen**) linearen Problem (P) gibt es ein **duales** lineares Problem (D). Das duale des dualen Problems ist wieder das ursprüngliche lineare Problem. Von Bedeutung dabei ist, daß jede zulässige Lösung für das primale bzw. duale Problem eine Schranke für das jeweils andere Programm liefert. Wie aber erhält man nun das duale Programm? Bevor wir dies allgemein formulieren, wollen wir unsere Überlegungen motivieren und betrachten das folgende Beispiel.

Beispiel

Wir betrachten das folgende Ausgangsproblem

$$4x_1 + 1x_2 + 3x_3 \rightarrow \text{Maximum}$$

unter den Nebenbedingungen

1.)	$1x_1$	$+\ 4x_2$			$\leq$	1
2.)	$3x_1$	$-\ 1x_2$		$+\ 1x_3$	$\leq$	3
3.)		x_1, x_2, x_3	$\geq$	0		

Die erste Erkenntnis, die sich bei der Betrachtung dieses Problems ergibt, ist, daß jede zulässige Lösung eine untere Schranke für die zu maximierende Funktion darstellt. Die Lösung

$$(x_1; x_2; x_3) = (1; 0; 0)$$

führt zu der Erkenntnis, daß für den Zielfunktionswert Z

gilt:

$$Z \geq 4.$$

Aus der zulässigen Lösung

$$(x_1; x_2; x_3) = (0; 0; 3)$$

können wir ablesen:

$$Z \geq 9.$$

Aber dies ist natürlich nur ein Stochern im Nebel, um eine Schranke für die zu maximierende Funktion zu erhalten. Wir wissen nicht, wie gut diese Schranke tatsächlich ist. Liegt sie nur annäherend beim optimalen Wert? Wie also können wir obere Schranken angeben und wie können wir diese systematisch finden?

Wir betrachten die zwei Nebenbedingungen des ursprünglichen Problems

1.)	$1x_1$	$+\ 4x_2$		$\leq$	1
2.)	$3x_1$	$-\ 1x_2$	$+\ 1x_3$	$\leq$	3

und multiplizieren die erste Nebenbedingung mit dem Wert 2 und die zweite Nebenbedingung mit dem Wert 3. Dies ergibt:

1'.)	$2\,(1x_1$	$+\ 4x_2$	$)$	$\leq$	2
2'.)	$3\,(3x_1$	$-\ 1x_2$	$+\ 1x_3\ )$	$\leq$	9

Addieren wir die neuen Zeilen miteinander, so erhalten wir:

$$11x_1 + 5x_2 + 3x_3 \leq 11$$

Berücksichtigen wir die Nichtnegativitätsbedingung von x_1, x_2 und x_3 aus der dritten Nebenbedingung, und betrachten gleichzeitig die zu maximierende Ausgangsfunktion, so können wir erkennen, daß die folgende Abschätzung gilt:

$$4x_1 + 1x_2 + 3x_3 \leq 11x_1 + 5x_2 + 3x_3 \leq 11$$

Erinnern wir uns an die erste Überlegung, daß für den Zielwert gelten muß

$$Z \geq 9,$$

so können wir aus der gerade vorgenommenen Überlegung ablesen

$$Z \leq 11.$$

Also liegt unserer optimaler Wert zwischen den Werten 9 und 11. Auch dies ist eine relativ große Bandbreite, aber ein weiterer wichtiger Hinweis. Um noch bessere Schranken zu erhalten, wenden wir die soeben durchgeführten Rechenoperationen noch einmal an, diesmal allerdings nicht mit den konkreten Zahlenwerten 2 und 3 sondern mit beliebigen Variablen y_1 und y_2. Dies ergibt

$$1'.) \quad y_1\,(1x_1 + 4x_2) \leq 1y_1$$

$$2'.) \quad y_2\,(3x_1 - 1x_2 + 1x_3) \leq 3y_2$$

Addieren wir die Nebenbedingungen, so führt dies zu

$$(y_1 + 3y_2)\,x_1 + (4y_1 - y_2)\,x_2 + (y_2)\,x_3 \leq y_1 + 3y_2$$

Fordern wir jetzt, daß jeder Koeffizient von x_1, x_2 und x_3 mindestens so groß wie die entsprechenden Koeffizienten der zu maximierenden Zielfunktion sein soll, so muß gelten

$$\text{a)} \quad 1y_1 + 3y_2 \geq 4$$

$$\text{b)} \quad 4y_1 - 1y_2 \geq 1$$

$$\text{c)} \quad 1y_2 \geq 3$$

und wir können die zu maximierende Funktion gegen diese Summe abschätzen:

$$
\begin{aligned}
Z &= 4x_1 + x_2 + 3x_3 \\
&\leq (y_1 + 3y_2)\,x_1 + (4y_1 - y_2)\,x_2 + y_2\,x_3 \\
&\leq y_1 + 3y_2
\end{aligned}
$$

Eine mögliche obere Schranke lautet

$$y_1 + 3y_2,$$

die wir minimieren sollten, um die beste obere Schranke zu erhalten. Zusammenfassend haben wir dann als neues Optimierungsproblem:

$$y_1 + 3y_2 \rightarrow \text{Minimum}$$

unter den Nebenbedingungen

$$
\begin{aligned}
&\text{a)} \quad 1y_1 + 3y_2 \geq 4 \\
&\text{b)} \quad 4y_1 - 1y_2 \geq 1 \\
&\text{c)} \quad 1y_2 \geq 3 \\
&\text{d)} \quad y_1, y_2 \geq 0
\end{aligned}
$$

Dieses neue Problem heißt das **duale lineare Problem** in Verbindung mit dem ursprünglichen (primalen) linearen Problem.

Überführung Primales Problem in ein duales Problem

Wie wird systematisch zu einem primalen Problem (P) das duale Problem (D) gebildet? Wir erinnern an die bereits eingeführte Notation eines primales Problems:

$$\text{Maximiere } F(x) = c^T x$$

unter den Nebenbedingungen

$$Ax = b$$

mit:

$$x \geq 0,$$

Folgende Punkte sind zu beachten:

- Die Anzahl der Variablen eines dualen Problems ist gleich der Anzahl der Nebenbedingungen eines primalen Problems und umgekehrt, wobei die Nichtnegativitätsbedingungen nicht berücksichtigt werden.

- Ist das primale Problem ein Maximierungsproblem, dann ist das duale ein Minimierungsproblem und umgekehrt.

- Unterliegt eine Variable im primalen Problem einer (keiner) Vorzeichenbeschränkung, dann ist die zugehörige Nebenbedingung des dualen Problems eine Ungleichung (Gleichung) und umgekehrt.

- Die Koeffizienten der Zielfunktion im dualen Problem bilden die rechte Seite der Nebenbedingungen im primalen Problem.

- Die Nebenbedingungen des dualen Problems haben als Koeffizientenmatrix die transponierte der Koeffizientenmatrix der Nebenbedingungen des primalen Problems; die rechte Seite bilden die Koeffizienten der Zielfunktion des primalen Problems. Ferner sind die Ungleichungszeichen vertauscht.

- Das duale Problem des dualen Problems ergibt das primale Problem

Aufgabe

Das primale Problem lautet:

$$10x_1 + 24x_2 + 8x_3 \rightarrow \text{ Maximum}$$

unter den Nebenbedingungen

1.)	$2x_1 + 4x_2 + 2x_3$	$\leq$	20
2.)	$4x_1 - 2x_2 + 6x_3$	$\leq$	16
3.)	x_1, x_2, x_3	$\geq$	0

das duale Problem:

$$20y_1 + 16y_2 \rightarrow \text{ Minimum}$$

unter den Nebenbedingungen

1.)	$2y_1 + 4y_2$	$\geq$	10
2.)	$4y_1 - 2y_2$	$\geq$	24
3.)	$2y_1 + 6y_2$	$\geq$	8
4.)	y_1, y_2	$\geq$	0

Aufgabe

Das primale Problem lautet:

$$45x_1 + 36x_2 \rightarrow \text{Minimum}$$

unter den Nebenbedingungen

1.)	$3x_1$	+	$3x_2$	$\geq$	4,5
2.)	$6x_1$	+	$9x_2$	$\geq$	15
3.)			x_1, x_2	$\geq$	0

das duale Problem:

$$4{,}5y_1 + 15y_2 \rightarrow \text{Maximum}$$

unter den Nebenbedingungen

1.)	$3y_1$	+	$6y_2$	$\leq$	45
2.)	$3y_1$	+	$9y_2$	$\leq$	36
3.)			y_1, y_2	$\geq$	0

"Wenn man ihn jetzt ins kalte Wasser schmeißt, könnte er sich die Finger verbrennen."

Gerhard Delling, ARD

7. Das duale Simplexverfahren

Beim Simplexverfahren haben wir, ausgehend von suboptimalen Basislösungen, uns in Richtung der optimalen Lösung bewegt, indem versucht wird, die Optimalität zu erfüllen. Das **duale Simplexverfahren** begibt sich nun umgekehrt von superoptimalen Lösungen auf den Weg zur optimalen Lösung. Allerdings wird jetzt die Zulässigkeit angestrebt.

Warum betrachtet man nun neben dem Simplexverfahren das duale Simplexverfahren? Das duale Simplexverfahren ist in einigen speziellen Problemfällen von besonderer Bedeutung.

Das folgende Beispiel entstammt dem Werk von Hamdy A. Taha (Seite 78 ff) und dient uns als erklärendes Beispiel für die duale Simplexmethode.

Beispiel

Wir betrachten das folgende Problem, das als **Standardform für die duale Simplex-Methode** angesehen werden kann:

$$3x_1 + 2x_2 \rightarrow \text{Minimum}$$

unter den Nebenbedingungen

1.)	$3x_1$	+	$1x_2$	$\geq$	3
2.)	$4x_1$	+	$3x_2$	$\geq$	6
3)	x_1	+	x_2	$\leq$	3
4.)			x_1, x_2	$\geq$	0

Wenn wir die Nebenbedingungen in Gleichungsform überführen wollen, so müssen wir die ersten zwei Ungleichungen mit dem Faktor -1 multiplizieren, und erhalten dann:

$$3x_1 + 2x_2 \rightarrow \text{Minimum}$$

unter den Nebenbedingungen

$$\begin{array}{llllllll} 1.) & -3x_1 & - 1x_2 & + x_3 & & & = & -3 \\ 2.) & -4x_1 & - 3x_2 & & + x_4 & & = & -6 \\ 3) & x_1 & + x_2 & & & + x_5 & = & 3 \\ 4.) & & x_1, x_2, x_3, x_4, x_5 & \geq & 0 & & & \end{array}$$

Erinnern wir uns an das Simplexverfahren und versuchen, dieses hier anzuwenden, so erkennen wir unmittelbar, daß

$$x_3 = -3$$

$$x_4 = -6$$

$$x_5 = 3$$

eine unzulässige Lösung ist. Sie ist optimal (tatsächlich sogar besser als optimal), da die zugehörigen Werte

$$x_1 = 0$$

$$x_2 = 0$$

wegen der Nichtnegativitätsbedingung nicht kleiner werden können.

Die Ausgangslage in unserem Beispiel ist typisch für die duale Simplexmethode. Die Idee dieser Methode ist es nun, aus dem optimalen, aber unzulässigen Bereich sich dem zulässigen Bereich zu nähern. Dies wird offensichtlich, wenn man sich die graphische Aufbereitung unseres Problems betrachtet:

Graphische Lösung

Wir betrachten das lineare Optimierungsproblem:

$$3x_1 + 2x_2 \rightarrow \text{Minimum}$$

unter den Nebenbedingungen

1.)	$3x_1$	+	$1x_2$	$\geq$	3
2.)	$4x_1$	+	$3x_2$	$\geq$	6
3)	x_1	+	x_2	$\leq$	3
4.)			x_1, x_2	$\geq$	0

Bei der graphischen Aufbereitung wird offensichtlich, daß der Punkt (0;0) nicht im Lösungsraum liegt. Dies war allerdings bei der primalen Simplexmethode immer gegeben.

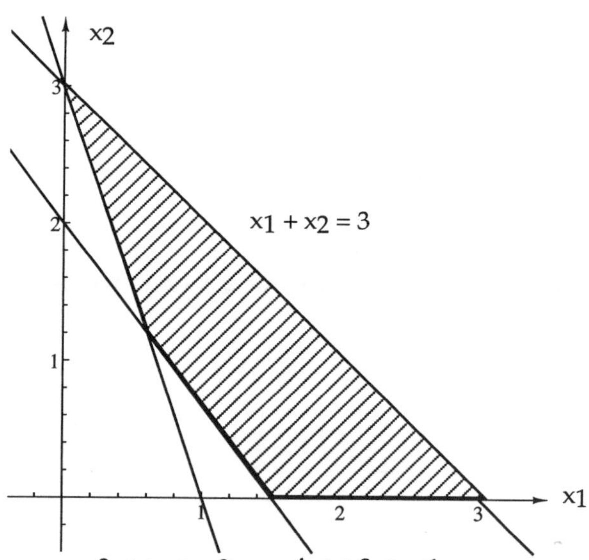

Das Duale Simplex-Verfahren

Wir gehen von der rechten Seite aus. Da es unser Ziel ist, die Unzulässigkeitsbedingung zu vermeiden, wählen wir den größten negativen Wert aus. Dann teilen wir die Werte der Zielfunktion jeweils durch die Werte der ausgesuchten Nebenbedingung und wählen den kleinsten Wert:

x_1	x_2	x_3	x_4	x_5	b
-3	-1	1	0	0	-3
-4	-3	0	1	0	-6
1	1	0	0	1	3
-3	-2	0	0	0	0
3/4	2/3	-	-	-	

Nach unseren bekannten Umformungen erhalten wir die folgende Tabelle. Auf der rechten Seite erkennen wir als einzigen negativen Wert -1 und bilden wieder die Quotienten:

x_1	x_2	x_3	x_4	x_5	b
-5/3	0	1	-1/3	0	-1
4/3	1	0	-1/3	0	2
-1/3	0	0	1/3	1	1
-1/3	0	0	-2/3	0	4
1/5	-	-	2	-	

Dies führt dann zu folgender Tabelle:

x_1	x_2	x_3	x_4	x_5	b
1	0	-3/5	1/5	0	3/5
0	1	4/5	-3/5	0	6/5
0	0	-1/5	2/5	1	6/5
0	0	-1/5	-3/5	0	21/5

Die letzte Tabelle ergibt eine zulässige und optimale Lösung.

Abschließend kann man die folgenden zwei Bedingungen für die duale Simplexmethode formulieren:

Zulässigkeitsbedingung

Die Variable mit dem größten negativen Wert **verläßt** die Basis. Falls alle Basisvariablen nichtnegativ sind, ist das Verfahren abgeschlossen.

Optimalitätsbedingung

Die Variable wird in die Basis aufgenommen, bei der sich der kleinste Quotient beim Minimierungsproblem bzw. der kleinste absolute Quotientenwert beim Maximierungsproblem ergibt. Dabei ergibt sich der Quotient aus den jeweiligen Werten der Zielfunktion und der ausgewählten Nebenbedingung.

"Wenn Sie dieses Spiel atemberaubend finden, haben Sie es an den Bronchien."

Marcel Reif, Premiere

III Entscheidungstheorie

"Dat Unterbewusstsein ist dat, wo der Mensch nix für kann."

Adi Preißler

1. Einleitung

Um Mißverständnissen vorzubeugen, sei bereits an dieser Stelle darauf hingewiesen, daß in der Literatur zwischen der **normativen (praktisch-normativen oder präskriptiven)** und der **deskriptiven (empirisch-realistischen)** Entscheidungstheorie unterschieden wird. In der normativen Entscheidungstheorie wird nach Entscheidungsregeln (Normen) gesucht, um so die Grundlage für rationale Entscheidungen zu legen.

Im Gegensatz dazu wird in der deskriptiven Entscheidungstheorie das Entscheidungsverhalten von Personen beschrieben.

Dieses Kapitel beschäftigt sich ausschließlich mit dem normativen Ansatz.

Charakter von Entscheidungen

Das Ziel ist es, die **Qualität der Entscheidung zu verbessern**. Dies kann als Ausgangssituation und Problemstellung verstanden werden.

Voraussetzungen dazu sind:

- Man will instinktfrei entscheiden und handeln.
- Ein gewisser Freiheitsraum der Entscheidung ist gegeben.
- Es gibt einen rechtlichen Schutz der Entscheidung.

Als Lösungsweg dient die **Reduktion** der Umweltkomplexität.

Definition

Entscheidung ist eine mehr oder minder bewußt vorgenommene Wahlhandlung zwischen mehreren (nicht gleichzeitig realisierbaren) Handlungsalternativen, die verbunden ist mit dem Willensakzent, die gewählte Alternative realisieren zu wollen.

Dabei sind Entscheidungen:

- Bewußt vorgenommene Wahlhandlungen
- Handlungsalternativen liegen vor
- eine bewußte Auswahl der Alternativen, um zielbewußte Realisierung zu erreichen
- Entscheidungen richten sich auf zukünftige Tatbestände

Folgende Unterscheidungsmerkmale oder Klassifikationen gibt es:

1. Schwierigkeitsgrad
2. Vielfalt der Lösungswege
3. Inwieweit wird die Aufgabe als interessant oder motivierend angesehen
4. In welchem Maße ist Kooperation zur Lösung von Aufgaben nötig
5. Zuordnung: geistige oder körperliche Aufgaben zu lösen
6. Vertrautheit mit bekannten Aufgaben
7. Inwieweit kann man die Lösung dem einzelnen zurechnen.

Die Entscheidung ist abhängig von

1. Entscheidungsträger
2. Aufgabentyp und Umwelt
3. Zuordnungsprämissen

Bei der Entscheidung unterscheidet man einmal den Entschluß (punktuell) oder den ablaufenden Prozeß (Entscheidungsprozeß).

Von **Entscheidungsprozessen** spricht man dann, wenn man in die Betrachtung der Entscheidung den Ablaufprozeß des Entscheidungshandelns aufnimmt. Der Ablaufprozeß beinhaltet die Aktivitäten des Auswahlaktes aus Alternativen. Mit anderen Worten umfaßt der Entscheidungsprozeß die Menge aller Aktivitäten, die eine Entscheidung ermöglichen.

Definition

Die **Entscheidungstabelle** ordnet bestimmten Bedingungen bzw. Voraussetzungen (Wenn-Komponenten) bestimmte Handlungsanweisungen bzw. Aktionen (Dann-Komponenten) zu. Dabei kann eine einzelne oder eine Kombination von Wenn-Komponenten mit einer einzelnen oder einer Kombination von Dann-Komponenten verknüpft werden. Die Entscheidungstabelle läßt in ihrer Struktur Zusammenhänge zwischen Problemen und ihren Lösungen erkennen, ohne die Komponenten selbst zu analysieren. Die Zusammenhänge müssen durch Entscheidungen festgelegt werden.

Beispiel

Ein Unternehmen plant ein neues Hotel in einer Stadt. Es gibt zwei Alternativen: Stadtmitte (a_1) oder Flughafennähe (a_2). Wir gehen von einer Gewinnmaximierung des Unternehmens aus und unterstellen, daß die Gewinnerwartung bei der Variante a_1 5 Mio. Euro und bei der Alternative a_2 6 Mio Euro beträgt.

Allerdings ist dieser Gewinn nur zu erzielen, wenn der Ausbau des Flughafens ermöglicht wird. Dies ist jedoch nur gegen starken Widerstand einzelner Bevölkerungsgruppen möglich und nicht absehbar. Gelingt der Ausbau nicht, so reduziert sich der Gewinn für das Hotel in Flughafennähe auf 1 Mio Euro.

Diese Informationen stellen wir tabellarisch dar:

	Flughafenausbau s_1	Flughafenerhaltung s_2
Stadtmitte a_1	5 Mio Euro	5 Mio Euro
Flughafennähe a_2	6 Mio Euro	1 Mio Euro

Mit den folgenden drei Definitionen werden die Begriffe Entscheidungskriterium, Entscheidungsregel und Entscheidungsprinzip eingeführt und gegeneinander abgegrenzt.

Definition

Unter einem **Entscheidungskriterium** kann man die Ergebnisausprägung (Auswahlgrößen) verstehen, von denen sich der Entscheidungsträger bei der Wahl der optimalen Alternative leiten läßt, bzw. leiten lassen kann oder soll. Es stellt Bedingungen für die Optimalität von Alternativen dar und beinhaltet somit Ergebnispräferenzen.

Definition

Entscheidungsregeln lassen sich als Grundsätze oder Verhaltensvorschriften auffassen, die angeben, aufgrund welcher Ergebnisausprägung ein Entscheidungsträger die Bestimmung der optimalen Alternative vornehmen kann oder soll.

Definition

Entscheidungsprinzipien können als Grundsätze, Empfehlungen bzw. Richtlinien charakterisiert werden, wie der Entscheidungsträger bei der Alternativenwahl vorgehen kann bzw. soll. Durch sie wird die optimale Alternative nicht eindeutig festgelegt. Anders als bei den Entscheidungsregeln besitzt der Entscheidungsträger noch Freiheitsgrade in der Bestimmung der für ihn optimalen Alternative. Sowohl Entscheidungsregeln als auch Entscheidungsprinzipien bauen bei der getroffenen Entscheidung auf Entscheidungskriterien auf.

Das entscheidungslogische Grundmodell

Wir gehen von folgenden Annahmen aus:

1. Das Entscheidungsproblem ist bekannt.
2. Eine Menge A von Handlungsalternativen ist gegeben.
3. Die Umwelteinflüsse sind nicht beeinflußbar.
4. Den Umwelteinflüssen wird eine Eintrittswahrscheinlichkeit (P) zugeordnet.
5. Es tritt ein Ereignis ein.
6. Ziele sind vorgegeben bzw. definiert.
7. Auf die einzelnen Entscheidungen wird eine Wert- oder Präferenzfunktion angewendet.
8. Anschließend muß mit Hilfe einer Auswahlfunktion eine Auswahl stattfinden.

Das Modell macht folgende Prämissen:

1. Alternativen können genannt werden, ohne sie gleich mit den Entscheidungen zu verknüpfen.
2. Alle Alternativen sind bekannt, ebenso alle Umweltzustände.
3. Man braucht nur solche Umwelteinflüsse zu berücksichtigen, die nicht in allen Komponenten anderen unterlegen sind.

Insgesamt sind **vier** unterschiedliche Situationen zu unterscheiden.

Definition

Von einer **Sicherheitssituation** spricht man, wenn für jede Aktion der wahre Umweltzustand vorliegt. Sicherheit bezüglich der tatsächlich eintretenden Ergebnisse (von Entscheidungen) besteht dann, wenn die tatsächlich eintretenden Ergebnisse durch die Kombination der Umweltkonstellation mit den Handlungsalternativen jeweils deterministisch festgelegt ist.

Liegt die soeben beschriebene Situation nicht vor, so spricht man von einer Situation unter **Unsicherheit**. Abhängig davon, ob Wahrscheinlichkeiten angegeben werden können oder nicht, unterscheidet man die Entscheidungssituationen unter Risiko oder Ungewißheit.

Ist das Eintreten eines Ergebnisses nicht deterministisch festgelegt, sondern werden die Wahrscheinlichkeiten durch einen objektiven Zufallsprozeß gesteuert, so bezeichnet man dies als eine Situation unter **Risiko**.

Bei einer **subjektiven Ungewißheit** können die Wahrscheinlichkeiten für das Eintreten eines Ereignisses nur als subjektive Wahrscheinlichkeiten geschätzt werden.

Bei einer **(objektiven) Ungewißheit** sind die Wahrscheinlichkeiten für das Eintreten der relevanten Umweltzustände unbekannt und unkalkulierbar.

Wir führen eine Ergebnismatrix ein, die folgendes Aussehen hat:

Umweltsituation (S)	s_1	s_2	....	s_i	....	s_n
Eintrittswahrsch. (P)	p_1	p_2	....	p_i	....	p_n
Aktionen (A)						
a_1	e_{11}	e_{12}	....	e_{1i}	....	e_{1n}
a_2	e_{21}	e_{22}	....	e_{2i}	....	e_{2n}
....	....	....	....	....	....	....
a_j	e_{j1}	e_{j2}	....	e_{ji}	....	e_{jn}
....	....	....	....	....	....	....
a_m	e_{m1}	e_{m2}	....	e_{mi}	....	e_{mn}

$A = a_1, a_2, \ldots\ldots, a_i, \ldots\ldots, a_m$	Aktionen
$P = p_1, p_2, \ldots\ldots, p_i, \ldots\ldots, p_n$	Eintrittswahrscheinlichkeiten (falls gegeben für die Zustände),
$S = s_1, s_2, \ldots\ldots, s_i, \ldots\ldots, s_n$	Umweltsituationen, Zustände

chelsea hotel #2

I remember you well in the Chelsea Hotel,
you were talking so brave and so sweet,
giving me head on the unmade bed,
while the limousines wait in the street.
Those were the reasons and that was New York,
we were running for the money and the flesh.
And that was called love for the workers in song
probably still is for those of them left.
Ah but you got away, didn't you babe,
you just turned your back on the crowd,
you got away, I never once heard you say,
I need you, I don't need you,
I need you, I don't need you
and all of that jiving around.

I remember you well in the Chelsea Hotel
you were famous, your heart was a legend.
You told me again you preferred handsome men
but for me you would make an exception.
And clenching your fist for the ones like us
who are oppressed by the figures of beauty,
you fixed yourself, you said, "Well never mind,
we are ugly but we have the music."

And then you got away, didn't you babe...

I don't mean to suggest that I loved you the best,
I can't keep track of each fallen robin.
I remember you well in the Chelsea Hotel,
that's all, I don't even think of you that often.

Leonard Cohen

2. Entscheidung bei Sicherheit

Eine Situation unter Sicherheit ist dadurch bestimmt, daß für jede beliebige Aktion der Umsetzungsgrad der Umweltsituationen bekannt ist. Es ist also eine Situation vollkommener Information gegeben, die auf den ersten Blick als wenig wahrscheinlich erscheinen mag. In der Tat liegt die Bedeutung dieser Entscheidungssituation auch mehr darin begründet, daß die Praxis eine solche Sichtweise aufdrängt. Bamberg / Coenenberg (Seite 39) etwa bemerken dazu: "Dennoch kommt der Sicherheitssituation für die Formulierung von Entscheidungsmodellen in der Praxis eine relativ große Bedeutung zu. Die Ursache hierfür dürfte in der in der Praxis oft gegebenen Notwendigkeit zu stark vereinfachter Modellbildung zu suchen sein. Insbesondere die vielfältigen in der Praxis eingesetzten kostenreichen Entscheidungsmodelle sowie die zur Vorbereitung von Fusionen sowie Unternehmenskäufen und Unternehmensverkäufen angewendeten Gesamtbewertungsmodelle beruhen zumeist auf der Annahme sicherer bzw. quasi-sicherer Zukunftserwartungen."

Als Konsequenz ergibt sich, daß nur eine Zeile der Ergebnismatrix relevant ist. Dies bedeutet:

$$e_{ji} = e(a_j, s_i) = e(a_j)$$

Eine Alternative a_j wird als **dominierende Alternative** bezeichnet, wenn keine verfügbare Alternative a_k ($k = 1, 2, ..., m$; $k \neq j$) mit folgenden Eigenschaften existiert:

$$e_{ki} \geq e_{ji} \qquad \text{für } i = 1, ..., n, \; j, k = 1, ..., m; \; k \neq j$$

und

$$e_{ki} > e_{ji} \qquad \text{für mindestens ein } i$$

Beispiel

$a_j \setminus s_j$	s_1	s_2	s_3
a_1	45	57	111
a_2	75	144	182
a_3	66	21	160

Als dominierende Alternative ergibt sich a_2.s

3. Entscheidung bei Risiko

In einer Situation unter Risiko besitzen Ergebnisse von Alternativen den Charakter von Zufallsvariablen und liegen in Form von Wahrscheinlichkeitsverteilungen vor. Wir gehen dabei von folgenden Annahmen bzw. Voraussetzungen aus:

- Klassische Entscheidungskriterien greifen auf Parameter von Wahrscheinlichkeitsverteilungen zurück.
- Die herangezogenen Parameter bilden ein Entscheidungskriterium.
- Parameter sind z. B. Lage- und Streuungsparameter.

μ-Regel (Bayes-Prinzip)

Beim Bayes-Prinzip wird der Erwartungswert der zugrunde liegenden Wahrscheinlichkeitsverteilung herangezogen.

Für die möglichen Ergebnisse e_{ji} unter den Aktionen a_j und Umweltsituationen s_i und deren Realisationswahrscheinlichkeiten p_i gibt μ_j den Erwartungswert des Ergebnisses von Alternative a_j an:

$$\mu_j = \sum_{i=1}^{n} e_{ji} \cdot p_i$$

mit

$$\sum_{i=1}^{n} p_i = 1$$

Die μ-Regel verlangt Extremierung, d.h. als optimale Alternative ist die mit dem höchsten oder geringsten Erwartungswert zu wählen:

$$a^{opt}_j = \max_j \mu_j \quad \text{bzw.} \quad a^{opt}_j = \min_j \mu_j$$

Beispiel

Ein Unternehmen plant ein neues Hotel in einer Stadt. Es gibt zwei Alternativen: Stadtmitte (a_1) oder Flughafennähe (a_2). Wir gehen von einer Gewinnmaximierung des Unternehmens aus und unterstellen, daß die Gewinnerwartung bei der Variante a_1 5 Mio. Euro und bei der Alternative a_2 6 Mio Euro. Allerdings ist dieser Gewinn nur zu erzielen, wenn der Ausbau des Flughafens ermöglicht wird. Dies ist jedoch nur gegen starken Widerstand einzelner Bevölkerungsgruppen möglich und nicht absehbar. Gelingt der Ausbau nicht, so reduziert sich der Gewinn für das Hotel in Flughafennähe auf 1 Mio Euro. Die Wahrscheinlichkeit für den Flughafenausbau betrage 90 Prozent.

Diese Informationen stellen wir tabellarisch dar:

	Flughafenausbau s_1	Flughafenerhaltung s_2
	$p_1 = 0{,}9$	$p_2 = 0{,}1$
Stadtmitte a_1	5 Mio Euro	5 Mio Euro
Flughafennähe a_2	6 Mio Euro	1 Mio Euro

Dann erhalten wir

	s_1	s_2	μ
	$p_1 = 0{,}9$	$p_2 = 0{,}1$	
Stadtmitte a_1	5 Mio Euro	5 Mio Euro	$0{,}9 * 5 + 0{,}1 * 5$ $= 5 = \mu_1$
Flughafennähe a_2	6 Mio Euro	1 Mio Euro	$0{,}9 * 6 + 0{,}1 * 1$ $= 5{,}5 = \mu_2$

Die Alternative a_2 hat den größeren Erwartungswert und würde damit ausgewählt werden.

Hätten wir die Wahrscheinlichkeiten anders formuliert, etwa

	s_1	s_2	μ
	$p_1 = 0{,}8$	$p_2 = 0{,}2$	
Stadtmitte a_1	5 Mio Euro	5 Mio Euro	$0{,}8 * 5 + 0{,}2 * 5$ $= 5$
Flughafennähe a_2	6 Mio Euro	1 Mio Euro	$0{,}8 * 6 + 0{,}2 * 1$ $= 5$

so wären beiden Alternativen gleich gut.

Für die Wahrscheinlichkeit $p_1 = 0{,}7$ wird die Alternative a_1 ausgewählt, denn es gilt:

	s_1	s_2	μ
	$p_1 = 0{,}7$	$p_2 = 0{,}3$	
Stadtmitte a_1	5 Mio Euro	5 Mio Euro	$0{,}7 * 5 + 0{,}3 * 5$ $= 5$
Flughafennähe a_2	6 Mio Euro	1 Mio Euro	$0{,}7 * 6 + 0{,}3 * 1$ $= 4{,}5$

Die μ-Regel geht von risikoneutralem Verhalten des Entscheidenden aus.

Unterschiedliche Risikoeinstellungen lassen sich durch Erweiterungen des Lageparameters μ um den Streuungsparameter σ ausdrücken, dies führt dann zur

μ-σ-Regel

Bernoulli-Prinzip

Die Beurteilungsgröße für die Alternativenwahl ist die subjektive Nutzenbewertung der wahrscheinlichkeitsverteilten Ergebnisse durch den Entscheidenden:

> Der Entscheidungsträger besitzt eine für ihn charakteristische (subjektive) Nutzenfunktion u(e)

Die Nutzenfunktion ordnet jedem möglichen wahrscheinlichkeitsverteilten Ergebnis einer Alternative eine Nutzengröße zu.

Das Bernoulli-Prinzip beinhaltet bzw. verlangt, daß der Entscheidungsträger die Alternativen nach ihrem zugehörigen Nutzenerwartungswert beurteilt.

Optimal ist die Alternative mit dem höchsten Nutzenerwartungswert:

$$a^{opt}_j = \max_j \sum_{i=1}^{n} u\left(e_{ji}\right) \cdot p_i$$

Beispiel

Wir unterstellen die folgende Nutzenfunktion u(e):

$$u\left(e_{ji}\right) = 100e_{ji} - \left(e_{ji}\right)^2 = e_{ji} \cdot (100 - e_{ji})$$

und die Ergebnismatrix habe die folgende Gestalt:

	s_1	s_2
	$p_1 = 0{,}8$	$p_2 = 0{,}2$
a_1	30	20
a_2	140	40

Dann erhalten wir als Nutzenmatrix:

	s_1	s_2
	$p_1 = 0{,}8$	$p_2 = 0{,}2$
a_1	2.100	1.600
a_2	-5.600	2.400

Für die einzelnen Alternativen wird in einem letzten Schritt

$$E_j(u) = \sum_{i=1}^{n} u\left(e_{ji}\right) \cdot p_i$$

bestimmt:

	s_1	s_2	$E_j(u)$
	$p_1 = 0{,}8$	$p_2 = 0{,}2$	
a_1	2.100	1.600	2.100 * 0,8 + 1.600 * 0,2 = 2.000
a_2	-5.600	2.400	-5.600 * 0,8 + 2.400 * 0,2 = -4.080

Wir erkennen, daß Alternative 1 den größten Erwartungsnutzen besitzt, somit ist diese Alternative zu wählen.

Dieses soeben vorgestellte Verfahren ist ganz entscheidend von der jeweils unterstellten Nutzenfunktion abhängig. Dabei ist bezüglich der unterschiedlichen Verhalten der Funktionen folgender Rückschluß auf das Risikoverhalten möglich:

- Linearer Verlauf der Nutzenfunktion: Risikoneutralität
- Konvexer Verlauf der Nutzenfunktion: Risikosympathie
- Konkaver Verlauf der Nutzenfunktion: Risikoaversion

4. Entscheidung bei Ungewißheit

Lassen sich für die eintretenden Umweltzustände **keine** Wahrscheinlichkeiten oder nur **subjektive** Wahrscheinlichkeiten p_i angeben, so spricht man von einer Entscheidung unter Ungewißheit.

Dementsprechend erfolgt die Lösung des Entscheidungsproblems anhand von Entscheidungskriterien. Dabei gibt es eine Vielzahl von Möglichkeiten, Entscheidungskriterien festzulegen. Wir führen auf den folgenden Seiten einige besonders häufig benutzte und zitierte Verfahren auf.

Maxmin-Regel (Wald-Regel)

Als Kriterium für die optimale Alternative bei der Maxmin-Regel gilt:

- Aus dem ungünstigsten Umweltzustand wird das beste Ergebnis ausgewählt.

- Maximum der Zeilenminima:

$$a^{opt}_j = \max_j \min_i e_{ji}$$

Das Charakteristikum der Maxmin-Regel liegt in einer extrem pessimistischen Einstellung, denn bei jeder Alternative wird mit dem Eintreten des schlechtesten Ergebnisses gerechnet.

Mit dem folgenden Beispiel veranschaulichen wir die Vorgehensweise der Maxmin-Regel.

Beispiel

Wir betrachten die folgende Ergebnismatrix:

	s_1	s_2	s_3	s_4
a_1	36	18	30	36
a_2	6	6	6	84
a_3	-18	60	72	78

und erhalten damit:

	s_1	s_2	s_3	s_4	min
a_1	36	18	30	36	**18**
a_2	6	6	6	84	6
a_3	-18	60	72	78	-18

Aus der letzten Spalte erkennen wir als Maximum den Wert 18 und somit wird die Alternative 1 ausgewählt.

Maxmax-Regel

Als Kriterium für die optimale Alternative bei der Maxmax-Regel gilt:

- Aus dem günstigsten Umweltzustand wird das beste Ergebnis ausgewählt.
- Maximum der Zeilenmaxima

$$a^{opt}_j = \max_j \max_i e_{ji}$$

Ist die Maxmin-Regel von einer extrem pessimistischen Sichtweise geprägt, so liegt das Charakteristikum der Maxmax-Regel in einer extrem optimistischen Einstellung.

Beispiel

Wir betrachten die folgende Ergebnismatrix:

	s_1	s_2	s_3	s_4
a_1	36	18	30	36
a_2	6	6	6	84
a_3	-18	60	72	78

und erhalten damit:

	s_1	s_2	s_3	s_4	max
a_1	36	18	30	36	36
a_2	6	6	6	84	**84**
a_3	-18	60	72	78	78

Aus der letzten Spalte erkennen wir als Maximum den Wert 84 und somit wird die Alternative 2 ausgewählt.

Hurwicz-Regel (Pessimismus-Optimismus-Regel)

Die Hurwicz-Regel hat folgende Eigenschaften:

- Das jeweils beste und schlechteste Ergebnis jeder Alternative wird bei der Entscheidung zugrunde gelegt.

- Die extremalen Ergebniswerte werden mit Hilfe eines Parameters λ $(0 \leq \lambda \leq 1)$ gewichtet.

- Als optimal gilt die Alternative a_j mit dem höchsten Gesamtwert:

$$a^{opt}_j = \max_j \left[\lambda \cdot \max_i e_{ji} + (1 - \lambda) \cdot \min_i e_{ji} \right]$$

- Der Parameter λ, auch als Pessimismus-Optimismus-Parameter bezeichnet, wird vom Entscheidungsträger festgelegt und drückt dessen Einstellung zu Chance und Risiko aus.

- Für $\lambda = 1$ erhält man die Maxmax-Regel.

  Für $\lambda = 0$ erhält man die Maxmin-Regel.

Beispiel

Wir betrachten die folgende Ergebnismatrix:

	s_1	s_2	s_3	s_4
a_1	36	18	30	36
a_2	6	6	6	84
a_3	-18	60	72	78

und erhalten mit $\lambda = 0{,}4$:

	s_1	s_2	s_3	s_4	max	min	opt
a_1	36	18	30	36	36	18	$0{,}4 \cdot 36 + 0{,}6 \cdot 18 = 25{,}2$
a_2	6	6	6	84	84	6	$0{,}4 \cdot 84 + 0{,}6 \cdot 6$ **= 37,2**
a_3	-18	60	72	78	78	-18	$0{,}4 \cdot 78 + 0{,}6 \cdot (-18) = 25{,}2$

Den größten Gesamtwert können wir für Alternative 2 ablesen und dementsprechend wird sich für a_2 entschieden.

Wählen wir für $\lambda = 0{,}1$, so würden wir die Alternative 1 wählen, denn es gilt:

	s_1	s_2	s_3	s_4	max	min	opt
a_1	36	18	30	36	36	18	$0{,}1 \cdot 36 + 0{,}9 \cdot 18$ **= 19,8**
a_2	6	6	6	84	84	6	$0{,}1 \cdot 84 + 0{,}9 \cdot 6 = 13{,}8$
a_3	-18	60	72	78	78	-18	$0{,}1 \cdot 78 + 0{,}9 \cdot (-18) = -8{,}4$

Savage-Niehans-Regel

Die Savage-Niehans-Regel geht von folgenden Überlegungen aus:

- Der Entscheidungsträger versucht das Bedauern (den Nutzenentgang, den Nachteil) zu minimieren, der sich ergibt, wenn bei Eintritt des Umweltzustandes s_i nicht die zugehörige optimale Alternative a_k gewählt worden ist.

- Es wird eine Matrix des Bedauerns aufgestellt, auf die die Minmax-Regel angewandt wird: die Alternative ist optimal, bei der das maximale Bedauern am geringsten ist:

$$a^{opt}_j = \min_j \max_i \left[e_{ki} - e_{ji}\right],$$

wobei e_{ki} das Spaltenmaximum bildet.

Beispiel

Wir betrachten die folgende Ergebnismatrix:

	s_1	s_2	s_3	s_4
a_1	36	18	30	36
a_2	6	6	6	84
a_3	-18	60	72	78

und erstellen eine Matrix des Bedauerns, dazu wird in einem ersten Schritt in jeder Spalte das jeweilige Maximum ermittelt:

	s_1	s_2	s_3	s_4
a_1	**36**	18	30	36
a_2	6	6	6	**84**
a_3	-18	**60**	**72**	78

Im nächsten Arbeitsschritt ziehen wir vom Spaltenmaximum für die entsprechende Spalte den jeweiligen Wert ab und erhalten so:

	s_1	s_2	s_3	s_4
a_1	36 - 36 = 0	60 - 18 = 42	72 - 30 = 42	84 - 36 = 48
a_2	36 - 6 = 30	60 - 6 = 54	72 - 6 = 66	84 - 84 = 0
a_3	36 + 18 = 54	60 - 60 = 0	72 - 72 = 0	84 - 78 = 6

Im letzten Schritt wird die Minmax-Regel angewandt. Dazu ermitteln wir die Maxima für die jeweiligen Zeilen:

	s_1	s_2	s_3	s_4	max
a_1	0	42	42	**48**	**48**
a_2	30	54	**66**	0	66
a_3	**54**	0	0	6	54

Die Alternative 1 ist nun über die Minimum-Auswahl das Optimum.

Laplace-Regel

Bei der Laplace-Regel, die auch als Regel des "**mangelnden Grundes**" bezeichnet wird, geht man von folgender Prämisse aus:

- Alle Umweltzustände sind gleichwahrscheinlich.

- Optimal ist die Alternative, die die höchste Summe der Ergebnisse auf sich vereinigt:

$$a^{opt}_j = \max_j \sum_{i=1}^{n} e_{ji}$$

Beispiel

Wir betrachten die folgende Ergebnismatrix:

	s_1	s_2	s_3	s_4
a_1	36	18	30	36
a_2	6	6	6	84
a_3	-18	60	72	78

und erstellen die Zeilensummen:

	s_1	s_2	s_3	s_4	
a_1	36	18	30	36	36 + 18 + 30 + 36 = 120
a_2	6	6	6	84	6 + 6 + 6 + 84 = 102
a_3	-18	60	72	78	-18 + 60 + 72 + 78 = 192

Wir erkennen, daß die Alternative 3 optimal ist.

Hodge-Lehmann-Regel

Für die Hodge-Lehmann Regel gelten die folgenden Überlegungen:

- Es liegen zwar Wahrscheinlichkeiten über das Eintreten der Umweltzustände vor, eine ausschließliche Orientierung am Erwartungswert der wahrscheinlichkeitsverteilten Ereignisse erscheint jedoch nicht ratsam.

- Optimal ist die Alternative a_j mit dem höchsten Wert der Auswahlgröße:

$$a^{opt}_j = \max_j \left[\beta \cdot \sum_{i=1}^{n} e_{ji} \cdot p_i + (1-\beta) \min e_{ji} \right]$$

- Der Verstärkungsparameter β ($0 \leq \beta \leq 1$) gibt das Vertrauen in die Wahrscheinlichkeitsverteilung (p_1 bis p_n) an.

für $\beta = 0 \rightarrow$ Maxmin-Regel

für $\beta = 1 \rightarrow$ μ-Regel

"Nein, liebe Zuschauer, das ist keine Zeitlupe, der läuft wirklich so langsam."

Werner Hansch, SAT 1

IV Netzplantechnik

"Wann endete meine erste wirkliche Liebesgeschichte? Am Tag nach einem enttäuschenden 2:2-Unentschieden gegen Coventry 1981."

Nick Hornby

1. Entstehung der Netzplantechnik

Es gibt drei Haupttypen von **Netzplänen**. Sie wurden unabhängig voneinander und fast gleichzeitig in den Jahren 1956 bis 1958 in den USA und in Frankreich entwickelt.

Ende 1956 suchte man bei du Pont nach einem Weg, die sehr kostspieligen Wartungs- und Umstellungsarbeiten großer chemischer Anlagen zu rationalisieren und zu beschleunigen. Zusammen mit Remington Rand Univac wurde 1957 eine Methode zur Planung und Überwachung solcher Vorhaben ausgearbeitet, mit der beispielsweise die Stillstandszeit einer chemischen Fabrik bei der regelmäßigen Wartung von 125 auf 93 Stunden, d.h. um 26% gesenkt werden konnte. Das Verfahren wurde als "Project Planning and Scheduling System" bezeichnet und ist später unter dem Namen "Critical Path Method" (CPM) bekannt geworden.

Anfang 1958 benötigte die amerikanische Marine für den Aufbau des Polaris-Raketensystems organisatorische Hilfsmittel, um die Arbeiten von 11.000 Auftragnehmern zu koordinieren und dabei Forschungs- und Entwicklungsarbeiten einzuplanen. In Zusammenarbeit mit Lockheed und der Beratungsfirma Booz, Allen & Hamilton entwickelte das Special Project Office der Marine hierfür ein Verfahren namens "Program Evaluation and Review Technique" (PERT), das in der Folge allgemeine Anwendung bei amerikanischen Regierungsaufträgen fand.

Ebenfalls 1958 entwickelte die Societé d'Economie et de Mathematique Appliquées, ein Mitglied der METRA-Gruppe europäischer Beratungsfirmen, im Auftrag der Electricité France eine Terminplanungsmethode für den Bau eines Atomkraftwerks, die mit Erfolg auch bei anderen Vorhaben angewendet wurde und den Namen "Metra-Potential-Methode" (MPM) erhielt.

Allen diesen Methoden war gemeinsam, daß die zu planenden Projekte gedanklich in einzelne Bestandteile zergliedert wurden, diese Bestandteile mit ihrer gegenseitigen Abhängigkeit zeichnerisch dargestellt und die dazugehörigen Terminberechnungen einer automatischen Datenverarbeitung angepaßt wurden. Bei der zeichnerischen Darstellung der Vorhaben ergab sich jeweils ein netzähnliches Gebilde von kleinen Feldern (Rechtecken oder Kreisen, die Knoten des Netzes darstellten) und Linien (oder Pfeilen), die solche Felder miteinander verbanden, weshalb sich später für diese und ähnliche Methoden der zusammenfassende Name "**Netzplantechnik**" eingebürgert hat.

Die folgende Graphik zeigt eine mögliche Darstellung eines Netzplans:

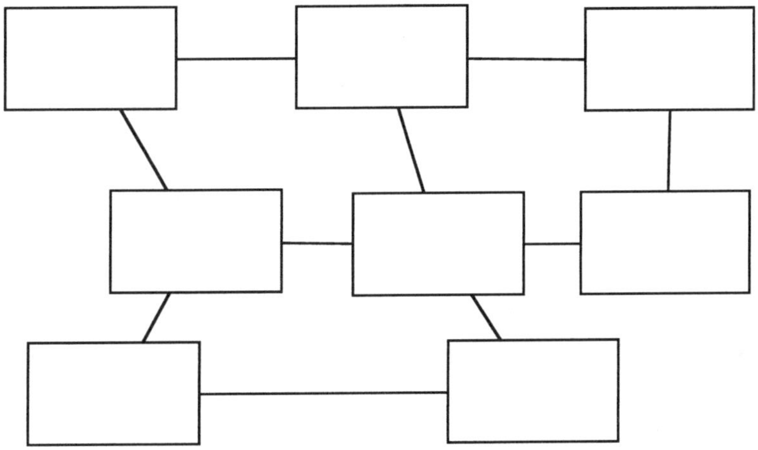

2. Allgemeine Hinweise zur Netzplantechnik

Gemäß der DIN 69900 können unter dem Begriff **Netzplantechnik** alle Verfahren zur

- Analyse,
- Beschreibung,
- Planung,
- Steuerung und
- Überwachung

von Arbeitsabläufen auf der Grundlage der Graphentheorie zusammengefaßt werden, wobei

- Zeit,
- Kosten,
- Einsatzmittel und
- weitere Einflußgrößen

berücksichtigt werden können.

Die Grundidee der Netzplantechnik ist

a) die Einzelheiten eines zeitlich begrenzten Projekts zu ermitteln und übersichtlich darzustellen,

b) die Abhängigkeiten dieser Einzelheiten voneinander eindeutig wiederzugeben,

c) anhand der so geklärten Ablaufstruktur das Vorhaben einer umfassenden rechnerischen Behandlung zugänglich zu machen,

um damit wertvolle Informationen für die Lenkung des Vorhabens zu gewinnen.

Diese Informationen waren in der ursprünglichen Zielsetzung reine Termininformationen. Allerdings wurde das Instrumentarium schnell verfeinert und weiterentwickelt, so daß auch z. B. Kostenaspekte berücksichtigt werden können.

Folgende Vorteile können in der Verwendung eines Netzplanes erzielt werden:

- Beschreibung eines Projektes
- Zeitersparnis - Vermeidung von Verzögerungen
- Kostenersparnis
- Systematische Analyse eines Projektes
- Strukturerkenntnisse eines Projekts
- Ermittlung aller für das Projekt relevanten Termine
- Planungshilfe für den Einsatz von Einsatzkräften
- Planung von Finanzmitteln
- Koordination aller Beteiligten
- Überwachung
- Planung des Projektes
- Kontrolle des Projektes

Heute werden Netzpläne in vielen verschiedenen Wirtschaftszweigen benützt. Nur als Beispiel seien einige Anwendungsfälle genannt:

- Bauprojekte
- Forschungsvorhaben
- Entwicklungsvorhaben
- Einführung neuer Systeme
- Einführung neuer Dienstleistungen
- Einführung neuer Produktionszweige
- Wartungs- und Reparaturarbeiten

- Umzüge ganzer Abteilungen
- Vorbereitung von Dienstreisen
- Einführung neuer Organisationsformen und Formulare in Unternehmen
- Aufstellung von Ausbildungsplänen
- Entwicklung von Strategien

Trotzdem wäre es falsch, im Netzplan ein Wundermittel zu sehen. Der Netzplan ist ein Organisations-Hilfsmittel, nicht mehr. Die Klarheit, die er in ein Projekt bringt, muß vom Netzplaner hart erarbeitet werden. Wird ein Netzplan achtlos aufgebaut, falsch interpretiert oder nicht auf aktuellen Stand gehalten, so verliert er seine Leistungsfähigkeit als Lenkungsinstrument.

3. Theoretische Grundbegriffe

Die Netzplantechnik beschäftigt sich mit der Planung und Abwicklung von Projekten. Ein solches Projekt muß - so unterschiedlich es sonst sein mag - einen deutlich erkennbaren Anfang und ein deutlich erkennbares Ende besitzen und seine Arbeiten oder Abschnitte müssen voneinander abhängig sein. Die morgenliche Anfahrt der vielen Arbeitnehmer eines Industriewerks zu ihrer Arbeitsstätte ist kein Projekt im Sinne der Netzplantechnik (weil die Abhängigkeit der Einzelvorgänge voneinander fehlt), dagegen ist die erstmalige Herstellung und Ausgabe von Werksausweisen an die selben Arbeitnehmer durchaus ein Projekt im Sinn der Netzplantechnik. Die ständige Leitung eines Restaurants ist kein Projekt (weil ihr Anfang und Ende fehlen), aber eine Erweiterung dieses Restaurants um 50 Plätze ist durchaus ein Projekt.

Definition

Ein **Projekt** im Sinne der Netzplantechnik ist eine endliche Menge von Handlungen endlicher Dauer, die in einem bekannten Zusammenhang erfolgen müssen, um ein gestecktes Ziel zu erreichen.

Bei der gedanklichen Analyse eines solchen Projekts sind nun zwei Betrachtungsweisen möglich: die sogenannte "**vorgangsorientierte**" und die sogenannte "**ereignisorientierte**" Betrachtungsweise.

In einem Projekt kann man eine Vielzahl von Tätigkeiten beobachten, die sogenannten **Vorgänge**.

Definition

Jedes zeitverbrauchende Geschehen mit definierbarem Anfang und Ende wird als **Vorgang** bezeichnet.

Vorgänge können z. B. sein:

- Bestellung schreiben,
- Maschinenfundament gießen,
- Warten auf einen Behördenbescheid,
- Dienstreisen,
- Lieferfristen,

- Entwicklungen,
- Prüfungen,
- Installationen.

Zu jedem Vorgang gehören also zwei Zeitpunkte - der seines Anfangs und der seines Endes. Das ist die vorgangsorientierte Betrachtungsweise des Projekts.

Wenden wir uns nun der **ereignisorientierten** Betrachtungsweise zu. Hier stehen Termine bzw. Zeitpunkte im Mittelpunkt der Betrachtung.

Definition

Das Eintreten eines definierten Zustandes im Projekt oder eine definierte Zustandsänderung des Projekts wird als **Ereignis** bezeichnet.

Ereignisse können z. B. sein:

- Eintreffen eines Bescheides,
- Inbetriebnahme einer Ausbildungsstätte,
- Freigabe einer Software,
- Übernahmetermin eines Unternehmens,
- Bekanntgabe einer Entscheidung,
- Beginn des Semesterbetriebes,
- Schließung einer Einrichtung,
- Ablauf einer Frist.

Wir unterstellen, daß die Dauer eines Ereignisses selbst so kurz ist, daß sie keinen Einfluß auf die Dauer des Projekts hat. Die Dauer des Projekts wird hier nur von den Zeiten gebildet, die zwischen den einzelnen Ereignissen verstreichen.

Beide Betrachtungsweisen, die vorgangsorientierte und die ereignisorientierte, führen zum gleichen Ergebnis. Die vollständige Beschreibung eines Projektes und dessen Ablauf ist ohne Einschränkung möglich. Allerdings besitzt das Ereignis nur einen Zeitpunkt, während beim Vorgang zwei Zeitpunkte zu berücksichtigen sind.

Wenden wir uns nun der graphischen Darstellung zu. Gehen wir von Vorgängen aus, so können wir diese als Knoten in einem Netzplan darstellen. Die Zusammenhänge zwischen diesen Knoten gelingt mit Pfeilen. Umgekehrt ist auch eine Darstellung der Vorgänge in Form von Pfeilen möglich, wobei dann die Knoten die Zusammenhänge deutlich machen.

Diese verschiedenen Möglichkeiten führen zu folgenden grundsätzlichen Netzplanarten:

Vorgangsknotennetze (VKN)

Die Vorgänge des Projekts werden beschrieben und als Knoten des Netzplans dargestellt. Typische Vertreter: Die Metra-Potential-Methode (MPM).

Vorgangspfeilnetze (VPN)

Die Vorgänge des Projekts werden beschrieben und als Pfeile des Netzplans dargestellt. Typische Vertreter: Die Critical-Path-Methode (CPM).

Ereignisknotennetze (EKN)

Die Ereignisse des Projekts werden beschrieben und als Knoten des Netzplans dargestellt. Typische Vertreter: Die Program Evaluation and Review Technique (PERT).

Ereignispfeilnetze

Die theoretische Möglichkeit einer Netzplandarstellung wird nicht angewendet.

Das folgene Schema faßt die unterschiedlichen Darstellungsmöglichkeiten zusammen:

		Beschrieben sind im Netzplan	
		Vorgänge	**Ereignisse**
Dargestellt werden sie als	**Knoten**	Vorgangsknoten-netz (z. B. MPM)	Ereignisknoten-netz (z. B. PERT)
	Pfeile	Vorgangspfeil-netz (z. B. CPM)	Ereignispfeilnetz

"Da geht er, ein großer Spieler. Ein Mann wie Steffi Graf."

Jörg Dahlmann, SAT 1

4. Eigenarten der drei Grundtypen von Netzplänen

Die Darstellung der Vorgänge in einem **Vorgangsknotennetzplan** geschieht üblicherweise durch Eintragen in Rechtecke:

Der Pfeil bzw. Strich zwischen den beiden Rechtecken besagt, daß der Vorgang "Möbel- und Gerätetransport" erst beginnen kann, wenn der Vorgang "Spediteur auswählen und beauftragen" abgeschlossen ist. In die Rechtecke können auch die sonstigen Daten der Vorgänge (z. B. Nummer, Dauer, Anfangs- und Endzeitpunkt) eingetragen werden, wofür je nach Bedarf verschiedene Einteilungen der Rechtecke getroffen werden können.

Werden Striche verwendet, so sei folgender Hinweis gegeben: Bei Strichen liest man von links nach rechts bzw. von oben nach unten.

In einem **Vorgangspfeilnetz** werden die Vorgänge als Pfeile dargestellt, der Text über den Pfeil gesetzt und die sonstigen Daten teilweise unter den Pfeil, teilweise in Kreise am Anfang und Ende des Pfeiles eingetragen, wobei wieder von Fall zu Fall eine entsprechende Einteilung getroffen wird.

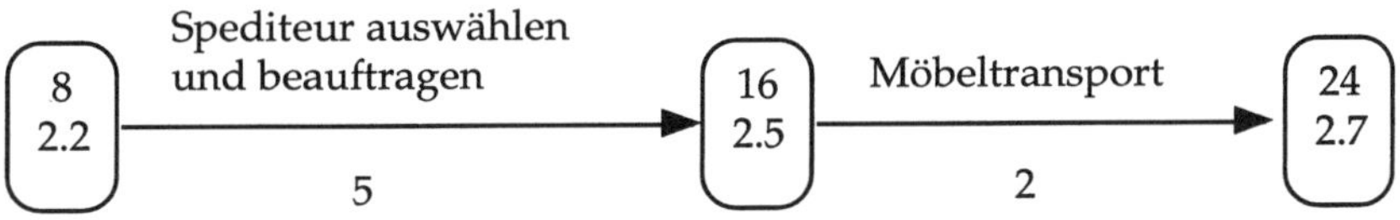

Numeriert werden hier üblicherweise die Knoten (Ereignisse). Die Vorgänge werden durch die Nummern der sie begrenzenden Ereignisse bezeichnet, z. B. 8-16 oder 16-24. Auch bei diesem Beispiel bedeutet die Darstellung, daß der Vorgang "Möbeltransport" (16-24) nicht vor Beendigung des Vorgangs "Spediteur auswählen und beauftragen" (8-16) beginnen kann.

In einem **Ereignisknotennetz** schließlich befindet sich auch die Beschreibung der Projekteinzelheiten in den Knoten, z. B.

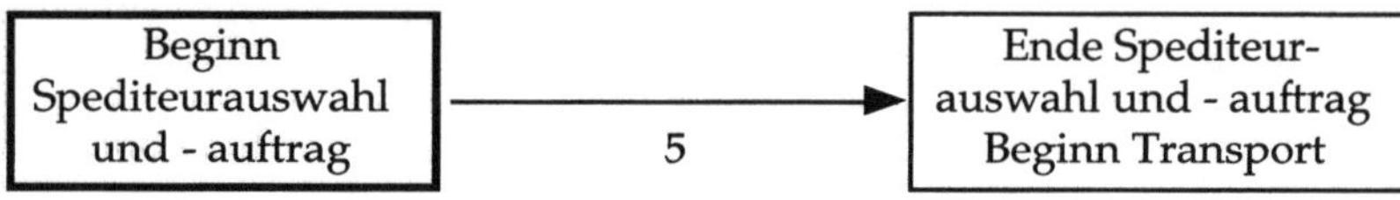

wobei der Zeitabstand zwischen zwei Ereignissen nicht mehr grundsätzlich einen Vorgang bezeichnen muß. Ob der Zeitabstand doch einem bestimmten Vorgang entspricht, kann hier nur aus der Knotenbeschreibung entnommen werden.

Jeder der vorgestellten Netzplantypen hat Vor- und Nachteile. Dabei erlauben Vorgangsknotennetze mit dem geringsten Aufwand eine vollständige und genaue Beschreibung der Bestandteile eines Projekts. Sie sind auch beim Einmünden mehrerer Vorgänge in einen Nachfolgevorgang stets eindeutig.

Bei Vorgangspfeilnetzen und Ereignisknotennetzen ist eine einfache Darstellung gewisser Sachverhalte **nicht immer möglich**, so daß wir im weiteren Verlauf das Vorgangsknotennetz zur Grundlage unserer Betrachtung machen.

5. Möglicher Arbeitsablauf für ein Vorgangsknotennetz

Im folgenden Abschnitt werden die möglichen Arbeitsschritte zur Erstellung eines Vorgangsknotennetzes aufgelistet. Folgende Phasen sind dabei zu beachten:

- Vorarbeiten
- Rohentwurf bzw. 1. Entwurf
- Detaillierte Berechnung des Netzplanes
- Konsequenzen aus der Berechnung
- Projektüberwachung
- Netzplanänderung

Gleichzeitig werden die für den Informationsgehalt eines Vorgangsknotennetzes wichtigen Begriffe eingeführt und anhand eines Beispiels verdeutlicht. Als Beispiel dient die Planung eines Umzuges eines Fachbereiches einer Hochschule.

Vorarbeiten

Nach der gedanklichen Voranalyse werden alle Vorgänge in einer Liste zusammengestellt, mit Kurzzeichen (z. B. Kleinbuchstaben) versehen, eine grobe, vorläufige Annahme über die Zeitdauer D jedes Vorgangs getroffen und die unmittelbaren Nachfolgevorgänge jedes Vorgangs notiert. Eine Zerlegung in mehr als 80 bis 100 Vorgänge ist nicht zu empfehlen. Zu diesem Zeitpunkt geht es noch nicht um die lückenlose und endgültige Anordnung und Auflistung aller Vorgänge. Allerdings ist darauf zu achten, daß alle wichtigen und für das Projekt wesentlichen Vorgänge Berücksichtigung finden.

Auf unser Vorhaben bezogen, den Umzug eines Fachbereichs zu planen, haben die folgenden Vorgänge Berücksichtigung gefunden:

	Vorgang	Dauer D in Tagen	Ausführende Stelle	Nachfolge-vorgänge
a	Neue Räumlichkeiten suchen	20	Büroleiter	b, d
b	Mietvertrag ausfertigen	15	Vermieter	c, e, f, h
c	Spediteur auswählen und beauftragen	5	Angestellte X	i, k
d	Mitzunehmende Möbel festlegen	3	Büroleiter	c, g
e	Neue Labels des Fachbereichs drucken und versenden	7	Angestellte X	l
f	Behördliche Ummeldungen	10	Angestellte X	l
g	Neue Einrichtungs-gegenstände kaufen	5	Angestellte Y	l
h	Alte Büroräume kündigen (mit Frist)	25	Büroleiter	l
i	Post und Zeitungen zum Umzugstag umbestellen	1	Angestellte X	l
k	Möbeltransport	2	Spediteur	l
l	Neues Büro beziehen	2	ges. Personal	-

Rohentwurf bzw. 1. Entwurf

Mit Hilfe einer groben Skizze wird der 1. Entwurf des Netzplanes erstellt. Die Vorgänge werden als Rechtecke und ihre Abhängigkeiten voneinander als Striche oder Pfeile dargestellt. Bei dieser ersten graphischen Darstellung sollten zu viele Kreuzungen der Pfeile vermieden werden.

Detaillierte Berechnung des Netzplanes

Um sich einen Überblick über Zeit- und Vorgangsabhängigkeiten zu verschaffen, werden einige Zeitpunkte von besonderer Bedeutung sein, die in einem Knoten eingetragen werden:

- D = Dauer eines Vorganges
- FAZ = frühester Anfangszeitpunkt
- SAZ = spätester Anfangszeitpunkt
- FEZ = frühester Endzeitpunkt
- SEZ = spätester Endzeitpunkt
- GP = Gesamtpufferzeit

Dauer

Die **Dauer** des Vorgangs - für zusätzlich eingeführte Start- und Zielknoten 0 - wird rechts oben in den jeweiligen Knoten eingetragen und an die Unterseite des Rechtecks werden zwei leere Felder angefügt.

Frühester Anfangszeitpunkt FAZ

Dann wird der **frühestmögliche Anfangszeitpunkt FAZ** jedes Vorgangs bestimmt. Vom Startknoten mit FAZ = 0 zum Zielknoten den Pfeilen folgend wird in das jeweilige linke Feld die Summe der Dauern aller auf diesem Weg vorangehenden Vorgänge eingetragen. Beim Zusammenmünden getrennter Wege ist die jeweils größte Summe als FAZ einzutragen.

Wir halten fest:

FAZ(Startknoten) = 0

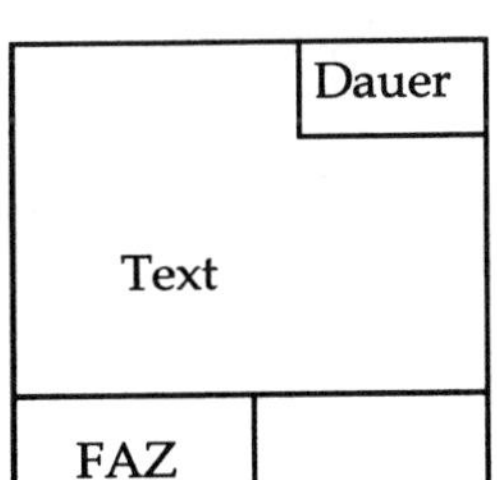

Beispiel

Die Dauern seien bekannt und eingesetzt. Folgende Rechenschritte ergeben sich:

Der Startvorgang "Neue Räumlichkeiten suchen" kann sofort bei Projektbeginn anlaufen, deshalb erfolgt hier die Eintragung Null. Für diesen Vorgang "Neue Räumlichkeiten suchen" sind 20 Tage veranschlagt.

Die nachfolgenden Vorgänge "Mietvertrag ausfertigen" und "Mitzunehmende Möbel festlegen" können also frühestens 20 Tage später, das heißt zum Zeitpunkt 20 des Projekts, beginnen - denn die eingezeichneten Pfeile besagen eben, daß hierfür erst die Suche der neuen Büroräume abgeschlossen sein muß.

Wieder frühestens 15 Tage später, also im Zeitpunkt 35 des Projekts, können die Vorgänge "Neue Labels des Fachbereichs drucken und versenden" und "Behördliche Ummeldungen" beginnen, weil hierfür das Vorliegen des Mietvertrags abgewartet werden soll, für dessen Ausfertigung 15 Tage angesetzt sind. Deshalb wird bei ihnen die Zahl 35 als frühester Anfangszeitpunkt FAZ eingetragen.

Etwas schwieriger erscheint die Bestimmung des frühesten Anfangszeitpunkts zunächst für den Vorgang "Spediteur auswählen und beauftragen". Dieser Vorgang ist von zwei vorangehenden Vorgängen ("Mietvertrag ausfertigen" und "Mitzunehmende Möbel festlegen") abhängig, von denen der eine einen Beginn der Spediteurwahl zum Zeitpunkt 35, der andere zum Zeitpunkt 23 erlauben würde. Es ist aber ohne weiteres einzusehen, daß in einem solchen Fall stets der später endende der beiden vorangehenden Vorgänge ausschlaggebend für den Beginn des Nachfolgevorgangs ist, da dessen Beginn ja den Abschluß beider Vorgänge voraussetzt.

Dies gilt ganz allgemein, auch wenn mehr als zwei Pfeile auf einen gemeinsamen Nachfolgevorgang (kurz: Nachfolger) zulaufen: Stets bestimmt der zuletzt endende Vorgängervorgang (kurz: Vorgänger) den frühesten Anfangszeitpunkt des Nachfolgers. Nichts anderes besagt die obengenannte Regel, daß beim Zusammenmünden getrennter Wege die jeweils größte Summe (von Dauern) als FAZ einzutragen ist. Es wird also auch bei "Spediteur auswählen und beauftragen" 35, "Neue Einrichtungsgegenstände kaufen" dagegen 23 ins linke Feld eingetragen.

Entsprechend wird der ganze Planentwurf zu Ende gerechnet und wir erhalten folgende Übersicht:

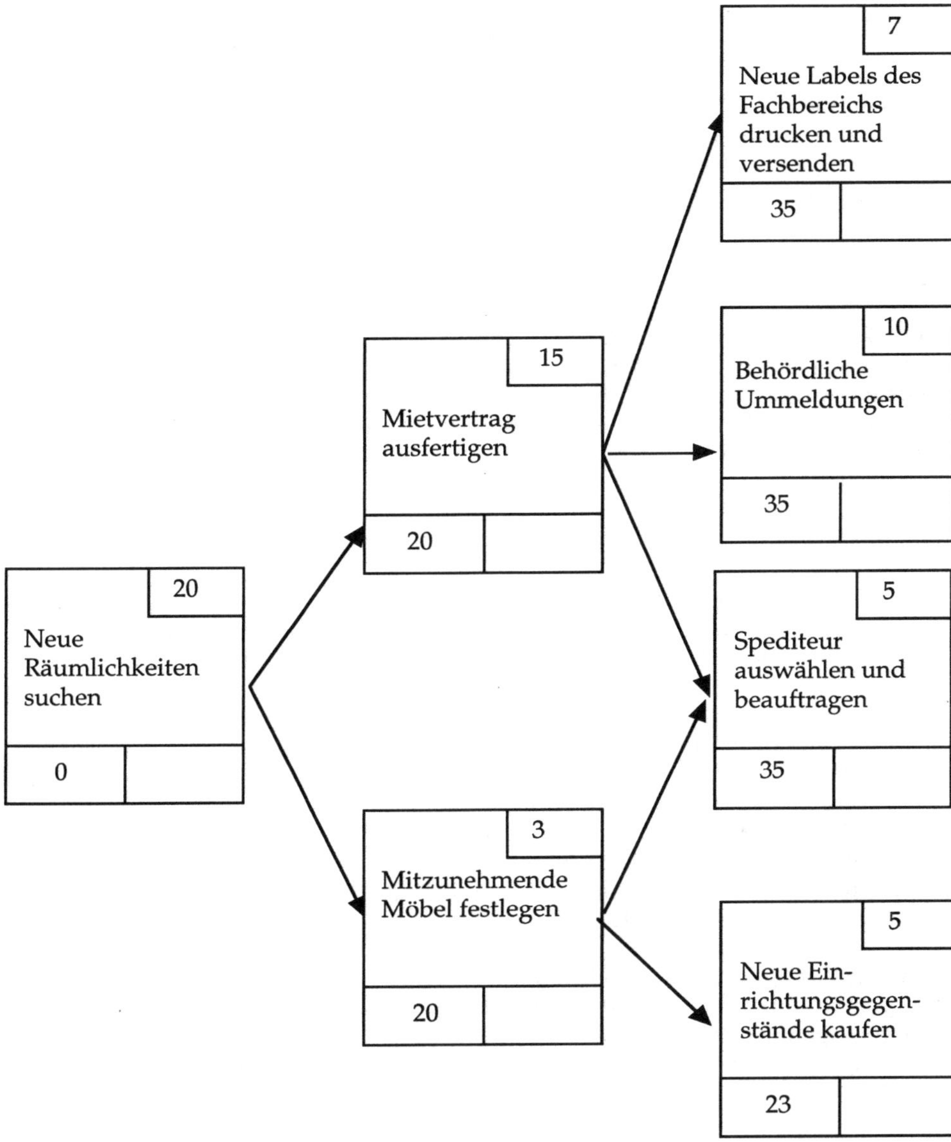
20
Neue Räumlichkeiten suchen
0
15
Mietvertrag ausfertigen
20
3
Mitzunehmende Möbel festlegen
20
7
Neue Labels des Fachbereichs drucken und versenden
35
10
Behördliche Ummeldungen
35
5
Spediteur auswählen und beauftragen
35
5
Neue Einrichtungsgegenstände kaufen
23

Spätester Anfangszeitpunkt SAZ

In einem nächsten Arbeitsschritt wird der **spätestzulässige Anfangszeitpunkt SAZ** jedes Vorgangs bestimmt. Zunächst wird für den **Zielknoten** der früheste Anfangszeitpunkt FAZ auch als spätester Anfangszeitpunkt SAZ angenommen und unverändert in das rechte Feld eingetragen.

Dann wird, vom Ziel- zum Startknoten jeweils rückwärts, der späteste Anfangszeitpunkt jedes Vorgangs durch Abziehen seiner Vorgangsdauer vom spätesten Anfang seines Nachfolgers gebildet und in das jeweils rechte Feld eingetragen. Bei Verzweigungen von Wegen ist das jeweils kleinste Ergebnis als SAZ einzutragen. Für den Startknoten muß sich SAZ = 0 ergeben, sonst liegt ein Rechenfehler vor.

Beispiel

Die Berechnung der frühesten Anfangszeitpunkte FAZ in den linken Feldern ist durchgeführt und hat für den Zielknoten FAZ = 60 ergeben. Diese Zahl wird ohne weitere Rechnung auch in das rechte Feld für SAZ eingesetzt.

Um diesen Anfangszeitpunkt 60 des Zielvorgangs einhalten zu können, müssen alle ihm unmittelbar vorangehenden Vorgänge um ihre eigene Dauer früher als 60 beginnen. Diese Vorgänge sind gemäß den eingetragenen Pfeilen die Vorgänge "Neue Labels des Fachbereichs drucken und versenden", "Alte Büroräume kündigen", "Behördliche Ummeldungen", "Post und Zeitungen zum Umzugstag umbestellen", "Möbeltransport" und "Neue Einrichtungsgegenstände kaufen". Da das Drucken und Versenden der neuen Labels des Fachbereichs 7 Tage dauern wird, muß es spätestens zum Zeitpunkt 53, nämlich 7 Tage vor 60, begonnen werden. In das rechte Feld für den spätestzulässigen Anfangszeitpunkt SAZ dieses Vorgangs wird deshalb 53 eingesetzt. Für das Kündigen der alten Büroräume unter Einhaltung der notwendigen Kündigungsfrist sind 25 Tage angesetzt, deshalb muß dieser Vorgang spätestens 25 Tage vor dem Zeitpunkt 60 in Angriff genommen werden, das heißt zum Zeitpunkt 35. Dieser wird eingetragen.

Aus gleichen Überlegungen ergibt sich für "Behördliche Ummeldungen" der späteste Anfangszeitpunkt 50, für "Post und Zeitungen zum Umzugstag umbestellen" 59, für "Möbeltransport" 58 und für "Neue Einrichtungsgegenstände kaufen" 55.

Sobald der SAZ für die Vorgänge "Post und Zeitungen zum Umzugstag umbestellen" und "Möbeltransport" bekannt ist, kann auch der SAZ für "Spediteur auswählen und beauftragen" bestimmt werden, der jedoch wieder einer besonderen Überlegung bedarf. Von "Spediteur auswählen und beauftragen" gehen zwei Wege aus (Verzweigungen). Auf dem einen Weg ("Post und Zeitungen umbestellen") ergäbe sich ein spätester Anfangszeitpunkt von 54, auf dem anderen ("Möbeltransport") von 53. Welcher ist der richtige? Auch hier ist die Antwort rasch gefunden: Da beide Nachfolger noch rechtzeitig vor dem Beziehen des neuen Büros abgeschlossen werden müssen, muß sich der spätestzulässige Anfangszeitpunkt des Vorgangs "Spediteur auswählen und beauftragen" nach dem früheren dieser beiden Zeitpunkte richten. Es wird deshalb 53 eingetragen. Auch wenn mehr als zwei unmittelbare Nachfolgevorgänge vorhanden wären, würde stets der früheste aller in Betracht gezogenen Zeitpunkte einzutragen sein. Dies ist der Inhalt der obengenannten, kurzen Regel: Bei Verzweigungen von Wegen ist das jeweils kleinste Ergebnis als SAZ einzutragen. In dieser Art wird der ganze Netzplan bis zurück zum Startknoten durchgerechnet.

Gesamtpuffer GP

Interessieren wir uns für die Zeit, die das Projekt insgesamt verbraucht, so ergibt sich dies als Summe aus frühesten oder spätesten Anfangszeitpunkt und der Dauer des Zielvorganges. In unserem Beispiel hätten wir einen **Gesamtzeitbedarf** von 62 Tagen.

Problematisch in einem Netzplan sind all die Vorgänge, in denen frühester Anfangszeitpunkt FAZ und spätester Anfangszeitpunkt SAZ gleich sind. Hier gibt es keinen "Puffer", um eventuelle Verschiebungen bzw. Verzögerungen auszugleichen. Man sagt auch, daß alle Vorgänge, bei denen FAZ und SAZ gleich sind, auf einem **kritischen Weg** liegen. Ein Netzplan kann **mehrere** kritische Wege enthalten.

Die **Pufferzeit** GP[1] eines Vorgangs ist

$$GP = SAZ - FAZ$$

und stellt den zeitlichen Spielraum dar, der für die Durchführung dieses Vorgangs besteht, ohne daß der Endzeitpunkt des Projekts verändert wird.

1 Die Abkürzung GP besagt, daß es sich hier um die gesamte Pufferzeit des Vorgangs handelt. Für manche Zwecke wird die Pufferzeit begrifflich noch unterteilt.

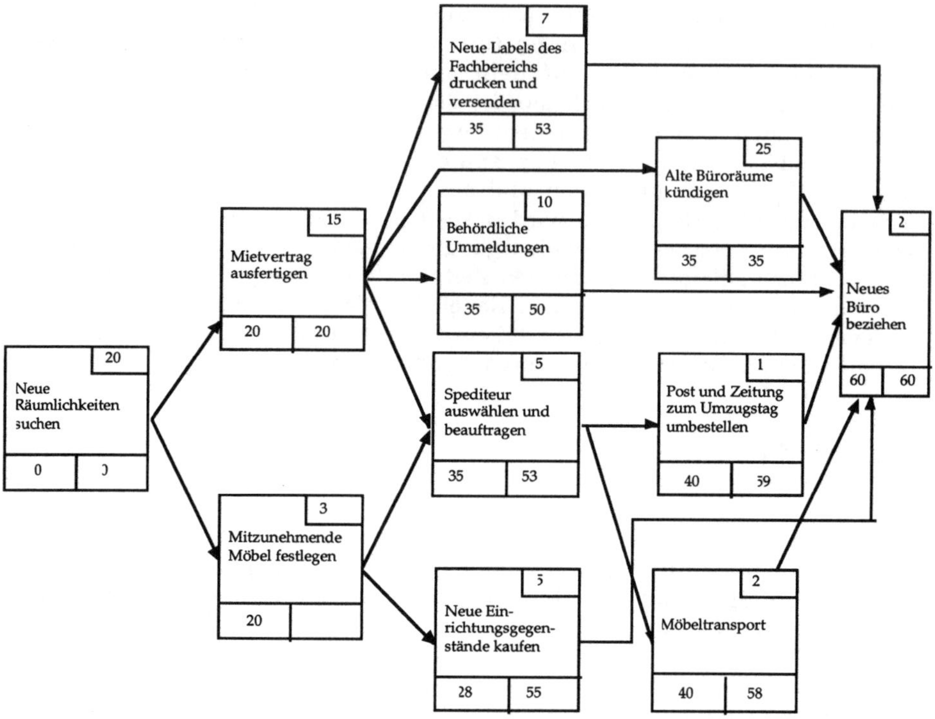

Beispiel

Man erkennt aus unserem Netzplanentwurf, daß der Möbeltransport irgendwann zwischen dem Zeitpunkt 40 und dem Zeitpunkt 58 des Vorhabens beginnen kann, ohne daß sich der Endzeitpunkt unseres Planes verschiebt. Der Vorgang "Möbeltransport" hat also eine Pufferzeit von 18 Tagen. Um den Bürobetrieb nicht unnötig früh zu stören, wird man deshalb mit dem Spediteur später einen Umzugstag vereinbaren, der ziemlich am Ende dieser Zeitspanne liegt - vielleicht den 56. oder 57. Tag unseres Vorhabens, vielleicht sogar erst den 58. Tag selbst.

Natürlich könnte man auch den Vorgang "Spediteur auswählen und beauftragen" ohne Gefahr für die pünktliche Beendigung unseres Vorhabens um einige Tage hinausschieben. Er hat ja ebenfalls diese Pufferzeit von 18 Tagen. Man muß aber beachten, daß man damit die Pufferzeit der beiden Nachfolger, die immer eine gewisse willkommene Reserverzeit für unvorhergesehene Schwierigkeiten bei der Durchführung dieser Vorgänge darstellt, einschränkt.

Frühester Endzeitpunkt FEZ - Spätester Endzeitpunkt SEZ

Haben wir uns bislang für die Anfangszeitpunkte interessiert, so wenden wir uns jetzt den Endzeitpunkten zu.

Allgemein gilt:

$$FEZ = FAZ + D$$

$$SEZ = SAZ + D$$

Diese neu ermittelten Werte fügen wir in einer weiteren Zeile unserem Knoten hinzu:

	Dauer
	TEXT
FAZ	SAZ
FEZ	SEZ

Beispiel

Der Vorgang "Mitzunehmende Möbel festlegen" habe im Feinentwurf - wie im Rohentwurf - den frühesten Anfangszeitpunkt FAZ = 20 und den spätesten Anfangszeitpunkt SAZ = 50. Seine Dauer D sei ebenfalls unverändert 3 Tage. Dann kann dieser Vorgang frühestens im Zeitpunkt 23 enden, d.h. sein frühestmöglicher Endzeitpunkt FEZ ist 23. Entsprechend ist sein spätestzulässiger Endzeitpunkt SEZ 53. Würde der Vorgang erst nach dem Zeitpunkt 53 abgeschlossen werden, könnte der ganze Umzug nicht zum vorgesehenen Zeitpunkt beendet werden.

In dieser Art können für alle Vorgänge des Netzplans die frühesten und spätesten Endzeitpunkte festgelegt werden.

Termine

Unsere bislang ermittelten Werte sind Zeitpunkte, die keinen Bezug zum Kalender haben. Zugespitzt gesagt Aussagen ohne Wert. Deshalb führen wir folgende Begriffe ein:

Frühester Anfangstermin	FAT
Spätester Anfangstermin	SAT
Frühester Endtermin	FET
Spätester Endtermin	SET

Alle diese vier Termine sind echte Kalenderdaten und werden dem Knoten in weiteren Zeilen angefügt:

	Dauer
Text	
FAZ	SAZ
FEZ	SEZ
FAT	SAT
FET	SET

Terminermittlung

Man numeriert sich in einem Übersichtskalender die für das jeweilige Projekt verwendeten Zeiteinheiten: Tage, Wochen, Monate oder Jahre, je nachdem, in welcher Einheit die Dauern geschätzt und die bisherigen Berechnungen durchgeführt wurden.

Beispiel

Haben wir uns für den 15. März 2001 als Starttermin entschieden, so hat der Projektkalender für unser Vorhaben folgendes Aussehen, wobei KT für Kalendertag und ZP für Zeitpunkt steht:

März	ZP	April	ZP	Mai	ZP	Juni	ZP
		So. 1.4.01		Di 1.5.01	33	Fr 1.6.01	56
		Mo. 2.	12	Mi 2.	34	Sa 2.	
		Di 3.	13	Do 3.	35	So 3.	
		Mi 4.	14	Fr 4.	36	Mo 4.	57
		Do 5.	15	Sa 5.		Di 5.	58
		Fr 6.	16	So 6.		Mi 6.	59
		Sa 7.		Mo 7.	37	Do 7.	60
		So 8.		Di 8.	38	Fr 8.	61
		Mo 9.	17	Mi 9.	39	Sa 9.	
		Di 10.	18	Do 10.	40	So 10.	
		Mi 11.	19	Fr 11.	41	Mo 11.	62
		Do 12.	20	Sa 12.		Di 12	63
		Fr 13.	21	So 13.		Mi 13.	64
		Sa 14.		Mo 14.	42	Do 14.	65
Do 15.	0	So 15.		Di 15.	43	Fr 15.	66
Fr 16.	1	Mo 16.	22	Mi 16.	44	Sa 16.	
Sa 17.		Di 17.	23	Do 17.	45	So 17.	
So 18.		Mi 18.	24	Fr 18.	46	Mo 18.	67
Mo 19.	2	Do 19.	25	Sa 19.		Di 19.	68
Di 20.	3	Fr 20.	26	So 20.		Mi 20.	69
Mi 21.	4	Sa 21.		Mo 21.	47	Do 21.	70
Do 22.	5	So 22.		Di 22.	48	Fr 22.	71
Fr 23.	6	Mo 23.	27	Mi 23.	49		
Sa 24.		Di 24.	28	Do 24.	50		
So 25.		Mi 25.	29	Fr 25.	51		
Mo 26.	7	Do 26.	30	Sa 26.			
Di 27.	8	Fr 27.	31	So 27.			
Mi 28.	9	Sa 28.		Mo 28.	52		
Do 29.	10	So 29.		Di 29.	53		
Fr 30.	11	Mo 30.	32	Mi 30.	54		
Sa 31.				Do 31.	55		

In einem ersten Schritt der Terminermittlung stellt man eine Verbindung zwischen FAT (frühester Anfangstermin) und FAZ (frühester Anfangszeitpunkt) her: FAT eines Vorgangs ermittelt man einfach durch Aufsuchen des FAZ im Projektkalender und Ablesen des zugehörigen Kalendertages. Dieser ist FAT. Ebenso übersetzt man den SAZ (spätester Anfangszeitpunkt) in einen SAT (spätesten Anfangstermin). Beide Termine trägt man in die dafür vorgesehenen Felder der Knoten ein.

Beispiel

Auch der Vorgang "Neue Einrichtungsgegenstände kaufen" habe im Feinentwurf seinen ursprünglichen frühesten Anfangszeitpunkt FAZ = 23 behalten. Dem Zeitpunkt 23 entspricht nach dem Projektkalender der Kalendertag 17.4.2001. Also kann der Vorgang "Neue Einrichtungsgegenstände kaufen" frühestens am 17.4.2001 beginnen. Der 17.4.2001 ist sein frühester Anfangstermin FAT. Entsprechend ergibt sich aus dem spätesten Anfangszeitpunkt SAZ = 55 der späteste Anfangstermin SAT dieses Vorgangs als der 31.5.2001. Den 17.4.2001 trägt man in das Feld für FAT, den 31.5.2001 in das Feld für SAT ein. Entsprechend verfährt man bei allen Vorgängen des Netzplans.

Bei der Ermittlung der Endtermine geht man zunächst ähnlich wie bei der Ermittlung der Endzeitpunkte eines Vorgangs vor: Man zählt zum Anfangszeitpunkt des Vorgangs seine Dauer hinzu. Dann aber trägt man nicht das diesem Endzeitpunkt entsprechende Kalenderdatum, sondern das dem unmittelbar vorangehenden Zeitpunkt entsprechende Kalenderdatum als Endtermin in den Vorgangsknoten ein, weil man bei Kalenderterminen, die meist Auftragsunterlagen darstellen, zweckmäßig das Ende eines Vorgangs vom Anfang des darauffolgenden Vorgangs trennt, um Unklarheiten und Überschneidungen zu vermeiden.

Den frühesten Endtermin FET eines Vorgangs erhält man also, indem man zum FAZ seine um Eins verminderte Dauer zählt und das Ergebnis mit Hilfe des Projektkalenders in ein Kalenderdatum übersetzt. Dieses Datum ist der früheste Endtermin FET des Vorgangs. Entsprechend errechnet man aus dem spätesten Anfangszeitpunkt SAZ des Vorgangs den spätesten Endtermin SET des Vorgangs.

$$\text{FAZ} + \text{D} - 1 \quad \rightarrow \quad \text{FET}$$

$$\text{SAZ} + \text{D} - 1 \quad \rightarrow \quad \text{SET}$$

Beide Termine trägt man wieder in die dafür vorgesehenen Felder der Knoten ein.

Beispiel

Der oben behandelte Vorgang "Mitzunehmende Möbel festlegen" hat den frühesten Anfangszeitpunkt

$$FAZ = 20$$

und die Dauer

$$D = 3.$$

Sein frühester Endtermin FET ergibt sich aus

$$FET = 20 + 3 - 1 = 22$$

als der 16.4.2001 (siehe Projektkalender). Entsprechend ergibt sich sein spätester Endtermin SET aus seinem spätesten Anfangszeitpunkt (SAZ = 50), seiner Dauer (D = 3) und

$$SAZ = 50 + 3 - 1 = 52$$

als der 28.5.2001.

Den frühesten Anfangstermin FAT des Nachfolgevorgangs "Neue Einrichtungsgegenstände kaufen" hatten wir oben bereits als den 17.4.2001 ermittelt. So ist klargestellt, daß (bei Einhaltung der frühestmöglichen Ausführungszeiten) der Vorgang "Mitzunehmende Möbel festlegen" am 16.4.2001 abends enden und der von dieser Beendigung abhängige Nachfolgevorgang "Neue Einrichtungsgegenstände kaufen" am 17.4.2001 morgens beginnen soll. Hätte man den beiden Vorgängen im Hinblick auf ihren gleichen End- bzw. Anfangszeitpunkt 23 ein einheitliches Datum - den 17.4.2001 - als End- bzw. Anfangstermin gegeben, so würde sich der Büroleiter darauf einrichten, seine Arbeit, das Festlegen der mitzunehmenden Möbel, bis zum Abend des 17.4.2001 abzuschließen, während die Angestellte Y glaubt, schon am Morgen des 17.4.2001 mit dem Kaufen der neuen Einrichtungsgegenstände beginnen zu können. Diese Unstimmigkeit wird durch das Vorverlegen des Endtermins vermieden, und zwar ohne daß die Dauer der Vorgänge beschnitten wird.

Konsequenzen aus der Berechnung

Häufig ergibt sich nach der Erstellung und Berechnung eines Netzplanes die Situation, daß die vermutete und tatsächlich errechnete Gesamtdauer nicht übereinstimmen. Dies kann einerseits darin begründet sein, daß der Auftraggeber übertriebene Zeitvorstellungen geäußert hat, die sich in der Realität nicht umsetzen lassen. Der Netzplaner auf der anderen Seite muß gleichzeitig das gesamte Projekt dahingehend untersuchen, ob der kritische Weg nicht durch überflüssige Vorgänge entlastet werden kann. Gleichzeitig muß eine Überprüfung der Zeitschätzungen vorgenommen werden. Allerdings muß dies eine echte und kritische Aufbereitung sein, da ansonsten Zeitdauern angenommen werden, die vollkommen unrealistisch sind.

Projektüberwachung

Die permanente Projektüberwachung ist eine sehr wichtige Aufgabe. Sie dient dazu, alle am Projekt Beteiligten zum richtigen Zeitpunkt zum Einsatz kommen zu lassen. So ist eine Verteilung des Planes sehr hilfreich, um ein erhöhtes Maß an Einbindung zu gewährleisten. Wichtig in diesem Zusammenhang ist auch eine ständige Kommunikation, wann welche Vorgänge abgeschlossen wurden und welche Vorgänge von wem in der nahen Zukunft anzugehen sind.

Netzplanänderungen

In der Regel ist ein Projekt nicht ohne Änderungen zu erreichen. Dies liegt im Wesen der Sache, da die Dauer vieler Vorgänge geschätzt wurde. Deshalb muß die Möglichkeit von Änderungen bereits bei der Erstellung eines Netzplanes berücksichtigt werden.

Änderungen der zeichnerischen Darstellung

Kommt es zu Terminüberschreitungen, so ändern sich in der Regel alle Folgetermine und auch der kritische Weg. Bei einer Handberechnung und -erstellung eines Netzplanes beschränkt man sich deshalb auf die Beschreibung der Vorgänge und deren Abhängigkeiten und führt die zugehörigen Dauern, Zeitpunkte und Termine auf einer separaten Darstellung.

Berechnung der Änderungen

Der Rechenvorgang selbst ist bei der Änderungsrechnung im Prinzip der gleiche wie beim Feinentwurf eines Netzplans. Der schon abgeschlossene Teil des Netzplans braucht aber nicht nochmals berechnet zu werden. Folgende Punkte sind zu beachten:

a) Neue Vorgänge und Abhängigkeiten eintragen, wegfallende Vorgänge und Anordnungsbeziehungen entfernen.

b) Eine Schnittlinie zwischen den begonnenen (einschließlich bereits beendeten) und den noch nicht begonnenen Vorgängen einfügen.

c) Im Projektkalender bzgl. des Tagesdatums den zugehörigen Projektzeitpunkt feststellen und den darauffolgenden Zeitpunkt des Projektkalenders kennzeichnen.

d) Wo die Schnittlinie von Pfeilen gekreuzt wird, in die jeweils letzten Knoten links von der Schnittlinie folgende Daten eintragen:

  - Den gekennzeichneten Zeitpunkt des Projektkalenders als FAZ;
  - soweit diese Vorgänge bereits beendet sind, die Dauer Null.

e) In die Knoten aller noch nicht begonnenen Vorgänge - diese liegen stets rechts von der Schnittlinie - die (gegebenenfalls geänderte) Dauer D eintragen.

f) Als Ergebnis enthalten alle alten und neuen Knoten rechts von der Schnittlinie eine echte Dauer und alle diesem Netzplanteil unmittelbar vorangehenden Knoten eine Pseudo-Dauer und einen Pseudo-FAZ. Der Netzplanteil rechts von der Schnittlinie wird nun von diesen Daten ausgehend in gewöhnlicher Weise wie ein Feinentwurf durchgerechnet. Für die begonnenen Vorgänge links von der Schnittlinie ermittelt man nur noch die Endzeitpunkte bzw. Endtermine.

Dieses vermeintlich abstrakte Vorgehen wollen wir an unserem Beispiel verdeutlich.

Beispiel

Es sei der 14.5.2001. Beendet seien die Vorgänge

- "Neue Räumlichkeiten suchen"
- "Mietvertrag ausfertigen"
- "Mitzunehmende Möbel festlegen"
- "Neue Einrichtungsgegenstände kaufen".

Begonnen, aber noch nicht beendet seien die Vorgänge

- "Spediteur auswählen und beauftragen"
- "Alte Büroräume kündigen (mit Frist)"
- "Neue Labels des Fachbereichs drucken und versenden"
- "Behördliche Ummeldungen".

Noch nicht begonnen seien die Vorgänge

- "Post und Zeitung zum Umzugstag umbestellenì
- "Möbeltransport"
- "Neues Büro beziehen".

Der Mietnachfolger für die alten Büroräume möchte jetzt schon 10 Arbeitstage früher als vorgesehen, am 28.5.2001, einziehen und ist bereit, die Kosten für den nochmaligen Druck der schon versandbereiten neuen Labels des Fachbereichs zu übernehmen. Der Neudruck und anschließende Versand würden wieder 7 Tage dauern. Vermieter und Spediteur würden einen früheren Umzugstermin akzeptieren. Kann unser Bezug des neuen Büro um 10 Tage vorverlegt werden?

Da die 7 Arbeitstage vom 16.5.2001 bis zum 25.5.2001 zum Neudruck und Versand der neuen Labels des Fachbereichs gerade noch ausreichen werden, läßt sich diese Frage im vorliegenden, einfachen Fall natürlich ohne weiteres bejahen. Als Beispiel für komplizierte Fälle sei jedoch auch der vollständige Rechengang gezeigt:

Zunächst wird der Neudruck und Versand der neuen Labels des Fachbereichs als neuer Vorgang in das Änderungsblatt des Netzplans eingezeichnet[2]. Der Pfeil von "Neue Labels des Fachbereichs drucken und versenden" nach "Neues Büro" beziehen" wird entfernt.

Nun wird zwischen den letzten begonnenen (einschließlich bereits beendeten) Vorgängen

"Neue Labels des Fachbereichs drucken und versenden"

"Alte Büroräume kündigen (mit Frist)"

"Behördliche Ummeldungen"

"Spediteur auswählen und beauftragen"

"Neue Einrichtungsgegenstände kaufen".

und den noch nicht begonnenen Vorgängen

2 Statt der Einzeichnung des neuen Vorgangs "Neudruck und Versand der Labels" könnte man auch die Restdauer des alten Vorgangs "Labels drucken und versenden" bei der späteren Eintragung der Restdauern mit 7 angeben.

- "Neudruck und Versand der neuen Labels des Fachbereichs"
- "Neues Büro beziehen"
- "Post und Zeitung zum Umzugstag umbestellen"
- "Möbeltransport"

eine Schnittlinie eingezogen.

Anhand des Projektkalenders wird das Tagesdatum 14.5.2001 in den zugehörigen Zeitpunkt 42 übersetzt und der nächsthöhere Zeitpunkt 43 wird nun als FAZ bei allen Vorgängen eingesetzt, von denen ein Pfeil ausgeht, der die Schnittlinie durchbricht. Die sind die Vorgänge

- "Neue Labels des Fachbereichs drucken und versenden"
- "Alte Büroräume kündigen (mit Frist)"
- "Behördliche Ummeldungen"
- "Spediteur auswählen und beauftragen"
- "Neue Einrichtungsgegenstände kaufen".

In die Knoten eben dieser Vorgänge ist auch ihre Restdauer einzutragen. Für den Vorgang "Neue Labels des Fachbereichs drucken und versenden", der im derzeitigen Zustand einfach abgebrochen würde, ist die Restdauer Null. Für den Vorgang "Alte Büroräume kündigen (mit Frist)" wird ebenfalls die Restdauer Null eingesetzt (dies ergibt sich aus der Zustimmung des Vermieters des alten Büros zum vorzeitigen Umzug). Für die Vorgänge "Behördliche Ummeldungen" und "Spediteur auswählen und beauftragen" muß im Änderungsfall vielleicht mit einer gewissen Verspätung des Abschlusses bzw. der Auftragsbestätigung gerechnet werden; deshalb wurde hier die Restdauer 3 eingesetzt. Der Vorgang "Neue Einrichtungsgegenstände kaufen" ist bereits beendet und erhält deshalb wieder die Restdauer Null.

Nun sind auch die Knoten rechts von der Schnittlinie noch mit Dauern zu versehen. Diese ist für den neuen Vorgang "Neudruck und Versand der neuen Labels des Fachbereichs" 7; für die anderen Vorgänge

- "Post und Zeitung zum Umzugstag umbestellen" 1
- "Möbeltransport" 2
- "Neues Büro beziehen" 2

unverändert wie schon beim Feinentwurf.

Nun setzt die formelle Durchrechnung des Netzplanteils rechts von der Schnittlinie ein, wie sie unter "Orientierungsrechnung" beschrieben ist. Für "Neudruck und Versand der neuen Labels des Fachbereichs" ergibt sich

FAZ = 43;

für "Post und Zeitung zum Umzugstag umbestellen" sowie für "Möbeltransport" ist

FAZ = 46

und schließlich ist für "Neues Büro beziehen"

FAZ = 50.

Diese Zahl 50 wird bei "Neues Büro beziehen" auch in das Feld für SAZ eingesetzt und die **Rückwärtsrechnung** entgegen der Pfeilrichtung durchgeführt. Sie ergibt für "Neudruck und Versand der neuen Labels des Fachbereichs"

SAZ = 43,

für "Post und Zeitung zum Umzugstag umbestellen"

SAZ = 49,

für "Möbeltransport"

SAZ = 48,

für "Behördliche Ummeldungen"

SAZ = 47

und für "Spediteur auswählen und beauftragen"

SAZ = 45.

Links von der Schnittlinie rechnet man nur die SAZ's derjenigen Vorgänge aus, deren Restdauer nicht Null ist, um hier Endtermine festlegen zu können. Für die anderen Vorgänge lohnt sich dies nicht, weil sie ja schon beendet sind.

Das Ergebnis bestätigt, daß der Wunsch des Mietnachfolgers gerade noch erfüllt werden kann. Der kritische Weg führt über den Vorgang "Neudruck und Versand der neuen Labels des Fachbereichs".

V Zeitreihen

"Prognosen sind problematisch, speziell wenn sie die Zukunft betreffen."

Niels Bohr

1. Einleitung

Da die meisten wirtschaftlichen Entscheidungen in die Zukunft gerichtet sind, möchte man die künftigen Ausprägungen von Größen wie Umsatz, Preis oder Absatzzahlen kennenlernen.

Prognosen bzgl. einer bestimmten Variablen arbeiten mit Daten aus der Vergangenheit, um auf diese Weise Werte der Zukunft zu beschreiben. Zu diesem Zweck werden Daten aus der Vergangenheit gewöhnlich als zeitlich geordnete Reihe aufbereitet. Die Veränderungen in den Ausprägungen der Variablen werden als eine Funktion, die von der Zeit abhängig ist, beschrieben.

Bei Prognosen unterstellt man, daß die Daten aus der Vergangenheit sich in der unmittelbaren Zunkunft wiederholen bzw. fortsetzen. Empirische Beobachtungen rechtfertigen diese Annahme in vielen Fällen. Besonders dann, wenn die Zeitreihe eine lange Historie aufbereitet und wiedergibt. Zweck der Zeitreihenanalyse ist:

- die Analyse von Datenstrukturen,
- die Prognose.

In den folgenden Ausführungen werden wir einige Methoden der direkten Zeitreihenprognose vorstellen. Zu diesen Methoden zählt:

- das Regressionsmodell,
- gleitende Durchschnitte,
- exponentielle Glättung.

Zum Abschluß wenden wir uns der Zerlegung der beobachteten Werte in ihre wichtigsten Komponenten (das additive und multiplikative Modell) zu. Andere Methoden widmen sich der systematischen Suche nach inneren Gesetzmäßigkeiten (Spektralanalyse, ARIMA-Modell).

Um die beobachteten Werte y_i von den Werten der Prognose abzugrenzen, werden wir diese mit $\hat{y}_i$ bezeichnen.

"Ich habe nur immer meine Finger in Wunden gelegt, die sonst unter den Tisch gekehrt worden wären."

Paul Breitner, SAT 1

2. Das Regressionsmodell: Methode der kleinsten Quadrate

Das einfachste Modell der Regressionsrechnung unterstellt einen linearen Zusammenhang, d. h. eine lineare Beziehung zwischen der Zeit und der zu untersuchenden Größe y. An dieser Stelle erinnern wir allgemein an die lineare Regressionsrechnung aus der Statistik:

Wir wollen die Beziehung zwischen zwei Merkmalen X und Y mit den Merkmalsausprägungen x_i, y_i (i = 1, 2, ..., n) untersuchen. Dazu betrachten wir die Punkte (x_0,y_0), (x_1,y_1), (x_2,y_2), (x_3,y_3), ..., (x_{n-1},y_{n-1}) und unterstellen, daß ein linearer Zusammenhang zwischen den einzelnen Punkten besteht. Ein linearer Zusammenhang läßt sich durch eine lineare Funktion

$$y = f(x) = a + bx$$

ausdrücken, wobei a und b reelle Zahlen sind.

Das Prinzip der **linearen Regression (Methode der kleinsten Quadrate)** ist es, die Summe der quadrierten Differenzen $y_i - (a + bx_i)$ zu minimieren. Wir versuchen, dieses Problem mit Methoden aus der Mathematik zu lösen:

Wir betrachten die Funktion R

$$R: \mathbf{R}^2 \to \mathbf{R}$$

mit

$$R(a,b) := \sum_{i=0}^{n-1} \left(y_i - (a + bx_i)\right)^2$$

und suchen die lokalen Extrema dieser Funktion R. Zu diesem Zweck bilden wir die ersten partiellen Ableitungen nach a und b und setzen diese Ausdrücke gleich Null:

$$\frac{dR(a,b)}{da} = 2 \cdot \sum_{i=0}^{n-1} \left(y_i - (a + bx_i)\right) \cdot (-1) = 0 \qquad (1)$$

$$\frac{dR(a,b)}{db} = 2 \cdot \sum_{i=0}^{n-1} \left(y_i - (a + bx_i)\right) \cdot (-1) \cdot \left(x_i\right) = 0 \qquad (2)$$

Betrachten wir (1), so erhalten wir:

$$\sum_{i=0}^{n-1} \left(y_i - (a + bx_i)\right) = 0$$

$$\Leftrightarrow \quad \sum_{i=0}^{n-1} y_i - na - b \sum_{i=0}^{n-1} x_i = 0$$

$$\Leftrightarrow \quad \sum_{i=0}^{n-1} y_i - b \sum_{i=0}^{n-1} x_i = na$$

$$\Leftrightarrow \quad a = \frac{1}{n} \left(\sum_{i=0}^{n-1} y_i - b \sum_{i=0}^{n-1} x_i \right)$$

$$\Leftrightarrow \quad a = \frac{1}{n} \sum_{i=0}^{n-1} y_i - b \cdot \frac{1}{n} \sum_{i=0}^{n-1} x_i$$

$$\Leftrightarrow \quad a = \bar{y} - b\bar{x},$$

wobei $\bar{y}$ und $\bar{x}$ die arithmetischen Mittel bezeichnen:

$$\bar{x} = \frac{1}{n} \cdot \sum_{i=0}^{n-1} x_i \quad \text{bzw.} \quad \bar{y} = \frac{1}{n} \cdot \sum_{i=0}^{n-1} y_i$$

Den so für a gefundenen Ausdruck setzen wir in (2) ein:

$$2 \cdot \sum_{i=0}^{n-1} \left(y_i - (\bar{y} - b\bar{x} + bx_i)\right) \cdot (-1) \cdot \left(x_i\right) = 0$$

$$\Leftrightarrow \quad \sum_{i=0}^{n-1} \left(y_i - (\bar{y} - b\bar{x} + bx_i)\right) \cdot \left(x_i\right) = 0$$

$$\Leftrightarrow \quad \sum_{i=0}^{n-1} \left(y_i - \bar{y} + b\bar{x} - bx_i\right) \cdot \left(x_i\right) = 0$$

$$\Leftrightarrow \sum_{i=0}^{n-1}\left(y_i x_i - \bar{y}x_i + b\bar{x}x_i - b(x_i)^2\right) = 0$$

$$\Leftrightarrow \sum_{i=0}^{n-1} y_i x_i - \bar{y}\sum_{i=0}^{n-1} x_i + b\bar{x}\sum_{i=0}^{n-1} x_i - b\sum_{i=0}^{n-1}(x_i)^2 = 0$$

$$\Leftrightarrow \sum_{i=0}^{n-1} y_i x_i - \bar{y}\sum_{i=0}^{n-1} x_i = b\sum_{i=0}^{n-1}(x_i)^2 - b\bar{x}\sum_{i=0}^{n-1} x_i$$

$$\Leftrightarrow \quad b = \frac{\sum_{i=0}^{n-1} y_i x_i - \bar{y}\sum_{i=0}^{n-1} x_i}{\sum_{i=0}^{n-1}(x_i)^2 - \bar{x}\sum_{i=0}^{n-1} x_i}$$

$$\Leftrightarrow \quad b = \frac{\sum_{i=0}^{n-1} y_i x_i - \bar{y}n\bar{x}}{\sum_{i=0}^{n-1}(x_i)^2 - \bar{x}n\bar{x}} = \frac{\sum_{i=1}^{n-1}(x_i-\bar{x})\cdot(y_i-\bar{y})}{\sum_{i=1}^{n-1}(x_i-\bar{x})^2}$$

Die letzte Gleichung gilt wegen:

$$\sum_{i=0}^{n-1}(x_i-\bar{x})\cdot(y_i-\bar{y}) = \sum_{i=0}^{n-1}\left(x_i y_i - x_i\bar{y} - \bar{x}y_i + \bar{x}\bar{y}\right)$$

$$= \sum_{i=0}^{n-1} x_i y_i - \sum_{i=0}^{n-1} x_i\bar{y} - \sum_{i=0}^{n-1}\bar{x}y_i + n\bar{x}\bar{y}$$

$$= \sum_{i=0}^{n-1} x_i y_i - \bar{y}\sum_{i=0}^{n-1} x_i - \bar{x}\sum_{i=0}^{n-1} y_i + n\bar{x}\bar{y}$$

$$= \sum_{i=0}^{n-1} x_i y_i - \bar{y}n\bar{x} - \bar{x}n\bar{y} + n\bar{x}\bar{y}$$

$$= \sum_{i=0}^{n-1} x_i y_i - n\bar{x}\bar{y}$$

und wegen:

$$\sum_{i=0}^{n-1} \left(x_i - \bar{x}\right)^2 = \sum_{i=0}^{n-1} \left(x_i - \bar{x}\right) \cdot \left(x_i - \bar{x}\right)$$

$$= \sum_{i=0}^{n-1} \left(x_i x_i - x_i \bar{x} - \bar{x} x_i + \bar{x}\bar{x}\right)$$

$$= \sum_{i=0}^{n-1} x_i x_i - \sum_{i=0}^{n-1} x_i \bar{x} - \sum_{i=0}^{n-1} \bar{x} x_i + n\bar{x}\bar{x}$$

$$= \sum_{i=0}^{n-1} \left(x_i\right)^2 - \bar{x} \sum_{i=0}^{n-1} x_i - \bar{x} \sum_{i=0}^{n-1} x_i + n\left(\bar{x}\right)^2$$

$$= \sum_{i=0}^{n-1} \left(x_i\right)^2 - \bar{x} n \bar{x} - \bar{x} n \bar{x} + n\left(\bar{x}\right)^2$$

$$= \sum_{i=0}^{n-1} \left(x_i\right)^2 - n\left(\bar{x}\right)^2$$

Um zu überprüfen, ob die gefundenen Werte ein Minimum darstellen, müssen wir die zweiten partiellen Ableitungen der Funktion R bilden:

$$R_{aa}(a,b) = 2n \qquad R_{ab}(a,b) = 2 \sum_{i=0}^{n-1} x_i$$

$$R_{ba}(a,b) = 2 \sum_{i=0}^{n-1} x_i \qquad R_{bb}(a,b) = 2 \sum_{i=0}^{n-1} \left(x_i\right)^2$$

Für die Hesse-Matrix gilt:

$$|H(a,b)| = 4n \sum_{i=0}^{n-1} \left(x_i\right)^2 - 4\left(\sum_{i=0}^{n-1} x_i\right)^2 > 0,$$

wegen

$$n \sum_{i=0}^{n-1} \left(x_i\right)^2 > \left(\sum_{i=0}^{n-1} x_i\right)^2$$

Wegen 2n > 0 liegt ein lokales Minimum vor.

Es bleibt noch der Nachweis zu führen, warum die Ungleichung bezüglich der Hesse-Matrix gilt. Dies erfolgt jetzt, denn allgemein gilt:

Satz

Seien x_i (i = 1, 2, 3, ..., n) reelle Zahlen. Es gilt:

$$n \sum_{i=0}^{n-1} \left(x_i\right)^2 > \left(\sum_{i=0}^{n-1} x_i\right)^2$$

Beweis

Allgemein gilt, daß die Summe von Quadraten aus reellen Zahlen immer größer oder gleich Null ist. Bilden wir nun die Differenz der einzelnen x_i mit $\bar{x}$ (für i = 0, 1, 2, ..., n-1) und ist auch nur ein x_i ungleich $\bar{x}$, so gilt sogar:

$$\sum_{i=0}^{n-1} \left(x_i - \bar{x}\right)^2 > 0$$

Somit gilt auch:

$$0 < \sum_{i=0}^{n-1} \left(x_i - \bar{x}\right)^2 = \sum_{i=0}^{n-1} x_i^2 - 2\bar{x} \sum_{i=0}^{n-1} x_i + n\bar{x}^2 = \sum_{i=0}^{n-1} x_i^2 - n\bar{x}^2$$

Also folgt unmittelbar:

$$n\bar{x}^2 < \sum_{i=0}^{n-1} x_i^2$$

$\Leftrightarrow$

$$n^2\bar{x}^2 < n \cdot \sum_{i=0}^{n-1} x_i^2$$

$\Leftrightarrow$

$$\left(\sum_{i=0}^{n-1} x_i\right)^2 < n \cdot \sum_{i=0}^{n-1} (x_i)^2$$

Beispiel

Betrachte die Umsätze in TDM einer Firma über einen Zeitraum von 24 Monaten (aus Hamdy A. Taha, "Operations Research", 5. Auflage, 1992):

Monat	Umsatz	Monat	Umsatz
0	46	12	54
1	56	13	42
2	54	14	64
3	43	15	60
4	57	16	70
5	56	17	66
6	67	18	57
7	62	19	55
8	50	20	52
9	56	21	62
10	47	22	70
11	56	23	72

Bestimme die Parameter a und b der Regressionsgeraden

$$y = f(x) = a + bx \quad .$$

Lösung

Wir erstellen die folgende Arbeitstabelle:

x_i	y_i	$x_i - \bar{x}$	$y_i - \bar{y}$	$(x_i - \bar{x})^2$	$(y_i - \bar{y})^2$	$(x_i - \bar{x})(y_i - \bar{y})$
0	46	- 11,5	- 11,25	132,25	126,5625	129,375
1	56	- 10,5	- 1,25	110,25	1,5625	13,125
2	54	- 9,5	- 3,25	90,25	10,5625	30,875
3	43	- 8,5	- 14,25	72,25	203,0625	121,125
4	57	- 7,5	- 0,25	56,25	0,0625	1,875
5	56	- 6,5	- 1,25	42,25	1,5625	8,125
6	67	- 5,5	9,75	30,25	95,0625	- 53,625
7	62	- 4,5	4,75	20,25	22,5625	- 21,375
8	50	- 3,5	- 7,25	12,25	52,5625	25,375
9	56	- 2,5	- 1,25	6,25	1,5625	3,125
10	47	- 1,5	- 10,25	2,25	105,062	15,375
11	56	- 0,5	- 1,25	0,25	1,5625	0,625
12	54	0,5	- 3,25	0,25	10,5625	- 1,625
13	42	1,5	- 15,25	2,25	232,5625	- 22,875
14	64	2,5	6,75	6,25	45,5625	16,875
15	60	3,5	2,75	12,25	7,5625	9,625
16	70	4,5	12,75	20,25	162,5625	57,375
17	66	5,5	8,75	30,25	76,5625	48,125
18	57	6,5	- 0,25	42,25	0,0625	- 1,625
19	55	7,5	- 2,25	56,25	5,0625	- 16,875
20	52	8,5	- 5,25	72,25	27,5625	- 44,625
21	62	9,5	4,75	90,25	22,5625	45,125
22	70	10,5	12,75	110,25	162,5625	133,875
23	72	11,5	14,75	132,25	217,5625	169,625
Σ =276	Σ = 1374			Σ= 1150	1592,5625	Σ = 667

Für die arithmetischen Mittel $\bar{x}$ und $\bar{y}$ erhalten wir die Werte:

$$\bar{x} = \frac{276}{24} = 11{,}5$$

$$\bar{y} = \frac{1374}{24} = 57{,}25$$

Dies führt zu folgenden Parametern:

$$b = \frac{667}{1150} = 0{,}58$$

$$a = 57{,}25 - 0{,}58 \cdot 12{,}5 = 50$$

Somit lautet die Funktion zur Schätzung weiterer Werte:

$$y = 50 + 0{,}58 \cdot x$$

Wollen wir jetzt den Wert für den 25. Monat schätzen, so ergibt sich:

$$\bar{y}_{25} = 50 + 0{,}58 \cdot 25 = 64{,}5.$$

Wir berechnen jetzt noch den Korrelationskoeffizienten r (nach **Bravais-Pearson**), um zu untersuchen, ob die errechnete Gerade eine gute Anpassung darstellt. Ein guter Fit müßte im Bereich

$$0{,}8 \leq |r| \leq 1$$

liegen.

Es gilt:

$$r := \frac{\sum_{i=1}^{n} (x_i - \bar{x}) \cdot (y_i - \bar{y})}{\sqrt{\sum_{i=1}^{n} (x_i - \bar{x})^2 \cdot \sum_{i=1}^{n} (y_i - \bar{y})^2}}.$$

und

|r|	Interpretation
0	keine Korrelation
0 - 0,5	schwache Korrelation
0,5 - 0,8	mittlere Korrelation
0,8 - 1	starke Korrelation
1	perfekte Korrelation

In unserem konkreten Fall ergibt sich:

$$r = \frac{667}{\sqrt{1150 \cdot 1592{,}5625}}$$

$$= \frac{667}{1353{,}3096}$$

$$= 0{,}49,$$

offensichtlich ist dies keine besonders gute Anpassung, und man sollte eine andere Art der Beziehung unterstellen.

3. Gleitende Durchschnitte

Die Methode der **gleitenden Durchschnitte** schätzt die zukünftigen Werte als Durchschnitt der vergangenen m Perioden ($m \in \mathbf{N}$), das bedeutet:

$$\hat{y}_{t+1} = \frac{y_t + y_{t-1} + y_{t-2} + \dots + y_{t-m+1}}{m}.$$

Offensichtlich ist ein möglicher Prognosewert von der Größe m abhängig, d. h. von der Anzahl der Perioden, die wir in unsere Betrachtung einbeziehen. Es gibt keine Regel, die etwas über die ideale Wahl des Parameters m aussagt. In der Praxis ist aber ein Wert zwischen 2 und 10 vernünftig.

Was ist bei der Wahl des Parameters m zu beachten? Falls m zu klein gewählt wird, werden zyklische Verschiebungen nicht ausreichend in die Prognose einbezogen. Ist umgekehrt der Wert m zu groß, so werden Zyklen zu stark unterdrückt.

Für m = 3 ergibt sich in unserem Beispiel:

$$\hat{y}_3 = \frac{y_2 + y_1 + y_0}{3} = \frac{46 + 56 + 54}{3} = \frac{156}{3} = 52{,}0$$

$$\hat{y}_4 = \frac{y_3 + y_2 + y_1}{3} = \frac{56 + 54 + 43}{3} = \frac{153}{3} = 51{,}0$$

....

....

$$\hat{y}_{24} = \frac{y_{24} + y_{23} + y_{22}}{3} = \frac{62 + 70 + 72}{3} = \frac{204}{3} = 68{,}0$$

Für m = 4 ergibt sich in unserem Beispiel:

$$\hat{y}_4 = \frac{y_3 + y_2 + y_1 + y_0}{4} = \frac{43 + 54 + 56 + 46}{4} = \frac{199}{4} = 49{,}75$$

$$\hat{y}_5 = \frac{y_4 + y_3 + y_2 + y_1}{4} = \frac{57 + 43 + 54 + 56}{4} = \frac{210}{4} = 52{,}5$$

....

....

$$\hat{y}_{24} = \frac{y_{24} + y_{23} + y_{22} + y_{21}}{4} = \frac{72 + 70 + 62 + 52}{4} = \frac{256}{4} = 64{,}0$$

alle Ergebnisse sind in der folgenden Tabelle aufgeführt, wobei die letzte Spalte vom Leser als Übung zu füllen ist:

t	y_t	m = 3 $\hat{y}_t$	m = 4 $\hat{y}_t$	m = 5 $\hat{y}_t$	m = 6 $\hat{y}_t$
0	46	-	-	-	-
1	56	-	-	-	-
2	54	-	-	-	
3	43	52	-	-	-
4	57	51	49,75	-	
5	56	51,33	52,5	51,2	-
6	67	52	52,5	53,2	
7	62	60	55,75	55,4	
8	50	61,67	60,5	57	
9	56	59,67	58,75	58,4	
10	47	56	58,75	58,2	
11	56	51	53,75	56,4	
12	54	53	52,25	54,2	
13	42	52,33	53,25	52,6	
14	64	50,67	49,75	51	
15	60	53,33	54	52,6	
16	70	55,33	55	55,2	
17	66	64,67	59	58	
18	57	65,33	65	60,4	
19	55	64,33	63,25	63,4	
20	52	59,33	62	61,6	
21	62	54,67	57,5	60	
22	70	56,33	56,5	58,4	
23	72	61,33	59,75	59,2	
24		**68**	**64**	**62,2**	

4. Exponentielle Glättung

Im Gegensatz zur Methode der gleitenden Durchschnitte, wo alle beobachteten Werte mit der gleichen Gewichtung in die Prognose eingehen, werden bei der exponentiellen Glättung, wie wir bei der weiteren Betrachtung sehen werden, ältere Daten weniger stark in den Prognosewert eingehen.

Die Idee der exponentiellen Glättung besteht darin, daß der neue Prognosewert $\hat{y}_{t+1}$ im Prinzip dem alten Prognosewert $\hat{y}_t$, d. h. dem Prognosewert der vorangegangenen Zeitperiode, entspricht. Allerdings will man, da zu diesem Zeitpunkt der tatsächliche Wert y_t bekannt ist, die mögliche Abweichung vom beobachteten Wert zum Prognosewert mit in die Berechnung einfließen lassen. Zu diesem Zweck bildet man den Prognosefehler, d. h. die Differenz aus beobachtetem Wert y_t und Prognosewert $\hat{y}_t$ und gewichtet diese Differenz mit einem Faktor α, der zwischen Null und Eins liegt. Abschließend wird dieser Wert zu dem Prognosewert $\hat{y}_t$ hinzuaddiert.

Dieses wird kurz durch folgende Gleichung beschrieben:

$$\hat{y}_{t+1} = \hat{y}_t + \alpha (y_t - \hat{y}_t) \quad \text{mit} \quad 0 \leq \alpha \leq 1 .$$

Nun kann man die soeben aufgestellte Gleichung auch in der folgenden Weise modifizieren:

$$\begin{aligned} \hat{y}_{t+1} &= \hat{y}_t + \alpha (y_t - \hat{y}_t) \\ &= \hat{y}_t + \alpha y_t - \alpha \hat{y}_t \\ &= \alpha y_t + \hat{y}_t - \alpha \hat{y}_t \\ &= \alpha y_t + (1 - \alpha) \hat{y}_t \end{aligned}$$

Der Wert α heißt die **glättende Komponente** mit $0 \leq \alpha \leq 1$.

Genauso wie für die Zeitperiode t + 1 erstellen wir die Prognosewerte für die Zeiträume t, t - 1, t - 2, ... , 2, 1:

$$\hat{y}_t = \alpha y_{t-1} + (1 - \alpha) \hat{y}_{t-1} ,$$

$$\hat{y}_{t-1} = \alpha y_{t-2} + (1 - \alpha)\hat{y}_{t-2},$$

.....

$$\hat{y}_1 = \alpha y_0 + (1 - \alpha)\hat{y}_0 .$$

Durch Einsetzen in die jeweils vorhergehende Gleichung erhalten wir:

$$\begin{aligned}
\hat{y}_{t+1} &= \hat{y}_t + \alpha (y_t - \hat{y}_t) \\
&= \alpha y_{t-1} + (1 - \alpha)\hat{y}_{t-1} + \alpha (y_t - (\alpha y_{t-1} + (1 - \alpha)\hat{y}_{t-1})) \\
&= \alpha y_{t-1} + \alpha\, y_t - \alpha^2 y_{t-1} + (1 - \alpha)\hat{y}_{t-1} - \alpha (1 - \alpha)\hat{y}_{t-1}) \\
&= \alpha\, y_t + \alpha y_{t-1} - \alpha^2 y_{t-1} + (1 - \alpha)\hat{y}_{t-1} - \alpha (1 - \alpha)\hat{y}_{t-1}) \\
&= \alpha\, y_t + \alpha (1 - \alpha)\, y_{t-1} + (1 - \alpha)\hat{y}_{t-1} - \alpha (1 - \alpha)\hat{y}_{t-1})
\end{aligned}$$

Allgemein gilt:

$$\hat{y}_{t+1} = \alpha \sum_{i=0}^{t} (1-\alpha)^i \cdot y_{t-i} + (1 - \alpha)^{t+1} \cdot \hat{y}_0$$

Aus dieser Darstellung wird deutlich, warum wir zu Beginn dieses Abschnitts davon gesprochen haben, daß die einzelnen Prognosewerte unterschiedlich starke Berücksichtigung finden. Die Werte α, $(1 - \alpha)$ und $(1 - \alpha)^2$ werden, da der Wert α zwischen den Werten Null und Eins liegt, immer kleiner. Somit werden ältere Daten weniger stark gewichtet, finden in der Prognose somit geringere Beachtung.

Setzt man

$$\hat{y}_0 = y_0$$

und berücksichtigt ferner:

$$\alpha \sum_{i=0}^{t} (1-\alpha)^i + (1-\alpha)^{t+1} = \alpha \frac{(1-\alpha)^{t+1}-1}{(1-\alpha)-1} + (1-\alpha)^{t+1}$$

$$= \alpha \frac{(1-\alpha)^{t+1}-1}{-\alpha} + (1-\alpha)^{t+1}$$

$$= -\frac{(1-\alpha)^{t+1}-1}{1} + (1-\alpha)^{t+1} = 1$$

dann folgt, wie bereits erwähnt, daß der Prognosewert als ein gewichtetes Mittel **aller** Beobachtungen aus der Vergangenheit zu verstehen ist.

Die erste Gleichung der letzten Betrachtung gilt, da allgemein für eine **geometrische Reihe** folgt:

$$\sum_{k=0}^{n} q^k = \frac{1-q^{n+1}}{1-q} = \frac{q^{n+1}-1}{q-1}.$$

Kehren wir zu unserem Beispiel zurück und setzen $\alpha = 0{,}1$, so gilt:

$$\hat{y}_{t+1} = \alpha y_t + (1-\alpha)\hat{y}_t = 0{,}1 \cdot y_t + 0{,}9 \cdot \hat{y}_t$$

Dies bedeutet konkret:

$$\hat{y}_1 = 0{,}1 \cdot y_0 + 0{,}9 \cdot \hat{y}_0 = 0{,}1 \cdot 46 + 0{,}9 \cdot 46 = 46$$

$$\hat{y}_2 = 0{,}1 \cdot y_1 + 0{,}9 \cdot \hat{y}_1 = 0{,}1 \cdot 56 + 0{,}9 \cdot 46 = 5{,}6 + 41{,}4 = 47$$

$$\hat{y}_3 = 0{,}1 \cdot y_2 + 0{,}9 \cdot \hat{y}_2 = 0{,}1 \cdot 54 + 0{,}9 \cdot 47 = 5{,}4 + 42{,}3 = 47{,}7$$

....

....

....

$$\hat{y}_{24} = 0{,}1 \cdot y_{23} + 0{,}9 \cdot \hat{y}_{23} = 0{,}1 \cdot 72 + 0{,}9 \cdot 57{,}63$$

$$= 7{,}2 + 51{,}867 = 59{,}067$$

Aufgaben

Berechnen Sie die Prognosewerte für $\alpha = 0{,}6$ und $\alpha = 0{,}8$ im vorliegenden Beispiel.

Lösung

t	y_t	$\alpha = 0{,}6$ $\hat{y}_t$	$\alpha = 0{,}8$ $\hat{y}_t$
0	46	-	-
1	56	46	46
2	54	52	54
3	43	53,2	54
4	57	47,08	45,2
5	56	53,032	54,64
6	67	54,81	55,728
7	62	62,13	64,7456
8	50	62,05	62,549
9	56	54,82	52,509
10	47	55,53	55,301
11	56	50,41	48,66
12	54	53,76	54,532
13	42	53,91	54,106
14	64	46,76	44,421
15	60	57,10	60,084
16	70	58,84	60,016
17	66	65,54	68,003
18	57	65,81	66,4
19	55	60,53	58,88
20	52	57,21	55,776
21	62	54,08	52,755
22	70	58,33	60,151
23	72	65,33	68,03
24		**69,33**	**71,206**

Beispiel

Wir beobachten für die Zeiträume t = 0, 1, 2, ..., 9 die Verkaufszahlen y_t von Butter in Hamburg, wobei die Werte in Tonnen zu verstehen sind:

Periode t	y_t
0	48
1	22
2	30
3	31
4	29
5	26
6	30
7	28
8	24
9	32

Für den gleitenden Durchschnitt erhalten wir mit m = 4:

$$\hat{y}_{10} = \frac{32 + 24 + 28 + 30}{4} = \frac{114}{4} = 28{,}5$$

Bei der exponentiellen Glättung mit $\alpha = 0{,}2$ erhalten wir mit der allgemeinen Darstellung:

$$\hat{y}_{t+1} = \alpha y_t + (1 - \alpha)\hat{y}_t$$

die folgenden Werte:

$$\hat{y}_1 = \alpha \cdot 48 + (1 - \alpha) \cdot 48 = 0{,}2 \cdot 48 + 0{,}8 \cdot 48 = 48$$

$$\hat{y}_2 = 0{,}2 \cdot 22 + 0{,}8 \cdot 48 = 4{,}4 + 38{,}4 = 42{,}8$$

$$\hat{y}_3 = 0{,}2 \cdot 30 + 0{,}8 \cdot 42{,}8 = 6 + 34{,}24 = 40{,}24$$

$$\hat{y}_4 = 0{,}2 \cdot 31 + 0{,}8 \cdot 40{,}24 = 6{,}2 + 32{,}192 = 38{,}392$$

$$\hat{y}_5 = 0{,}2 \cdot 29 + 0{,}8 \cdot 38{,}392 = 5{,}8 + 30{,}7136 = 36{,}5136$$

$$\hat{y}_6 = 0{,}2 \cdot 26 + 0{,}8 \cdot 36{,}5136 = 5{,}2 + 29{,}21088 = 34{,}41088$$

$$\hat{y}_7 = 0{,}2 \cdot 30 + 0{,}8 \cdot 34{,}41088 = 6 + 27{,}528704 = 33{,}528704$$

$$\hat{y}_8 = 0{,}2 \cdot 28 + 0{,}8 \cdot 33{,}528704 = 5{,}8 + 26{,}8229632 = 32{,}4229632$$

$$\hat{y}_9 = 0{,}2 \cdot 24 + 0{,}8 \cdot 32{,}4229632 = 4{,}8 + 25{,}93837056 = 30{,}73837056$$

$$\hat{y}_{10} = 0{,}2 \cdot 32 + 0{,}8 \cdot 30{,}73837056 = 6{,}4 + 24{,}59069645 = 30{,}99069645$$

Wir halten die Ergebnisse in der nachfolgenden Tabelle fest:

Periode t	y_t	$\hat{y}_t$
0	48	-
1	22	48
2	30	42,8
3	31	40,24
4	29	38,392
5	26	36,5136
6	30	34,41088
7	28	33,528704
8	24	32,4229632
9	32	30,73837056
10		**30,99069645**

Betrachten wir das Beispiel ein weiteres Mal und ändern den Wert, gewissermaßen der Startwert in der Periode 0, von 48 in 28, so erhalten wir die folgenden Werte:

$$\hat{y}_1 = \alpha \cdot 28 + \alpha \cdot 28 = 0{,}2 \cdot 28 + 0{,}8 \cdot 28 = 28$$

$$\hat{y}_2 = 0{,}2 \cdot 22 + 0{,}8 \cdot 28 = 4{,}4 + 22{,}4 = 26{,}8$$

$\hat{y}_3 = 0{,}2 \cdot 30 + 0{,}8 \cdot 26{,}8 = 6 + 21{,}44 = 27{,}44$

$\hat{y}_4 = 0{,}2 \cdot 31 + 0{,}8 \cdot 27{,}44 = 6{,}2 + 21{,}952 = 28{,}152$

$\hat{y}_5 = 0{,}2 \cdot 29 + 0{,}8 \cdot 28{,}152 = 5{,}8 + 22{,}5216 = 28{,}3216$

$\hat{y}_6 = 0{,}2 \cdot 26 + 0{,}8 \cdot 28{,}3216 = 5{,}2 + 22{,}65728 = 27{,}85728$

$\hat{y}_7 = 0{,}2 \cdot 30 + 0{,}8 \cdot 27{,}85728 = 6 + 22{,}285824 = 28{,}285824$

$\hat{y}_8 = 0{,}2 \cdot 28 + 0{,}8 \cdot 28{,}285824 = 5{,}8 + 22{,}6286592 = 28{,}2286592$

$\hat{y}_9 = 0{,}2 \cdot 24 + 0{,}8 \cdot 28{,}2286592 = 4{,}8 + 22{,}58292736 = 27{,}38292736$

$\hat{y}_{10} = 0{,}2 \cdot 32 + 0{,}8 \cdot 27{,}38292736 = 28{,}31$

Zusammenfassend ergibt sich nun:

Periode t	y_t	$\hat{y}_t$
0	28	
1	22	28
2	30	26,8
3	31	27,44
4	29	28,152
5	26	28,3216
6	30	27,85728
7	28	28,285824
8	24	28,2286592
9	32	27,38292736
10		**28,31**

Beispiel

Eine Drogerie hat über die letzten Jahre die Verkaufszahlen (in Tausend DM) festgehalten:

Jahr	y_i
1985	42
1986	44,6
1987	46,4
1988	48
1989	49,8
1990	51,2
1991	53,2
1992	54,8
1993	57
1994	59,2

Dies ergibt folgende Schätzwerte für $\alpha = 0{,}2$

Jahr	y_i	$\hat{y}_i$
1985	42	
1986	44,6	42
1987	46,4	42,52
1988	48	43,296
1989	49,8	44,2368
1990	51,2	45,34944
1991	53,2	46,519582
1992	54,8	47,8556416
1993	57	49,24451328
1994	59,2	50,79561062
1995		**52,4764885**

Nähern wir uns als Wiederholung dem Prognosewert mit der Regressionsmethode, so erhalten wir die folgende Arbeitstabelle:

x_i	y_i	$x_i - \bar{x}$	$y_i - \bar{y}$	$(x_i - \bar{x})^2$	$(y_i - \bar{y})^2$	$(x_i - \bar{x})$ $(y_i - \bar{y})$
0	42	- 4,5	- 8,62	20,25	74,3044	38,79
1	44,6	- 3,5	- 6,02	12,25	36,2404	21,07
2	46,4	- 2,5	- 4,22	6,25	17,8084	10,55
3	48	- 1,5	- 2,62	2,25	6,8644	3,93
4	49,8	- 0,5	- 0,82	0,25	0,6724	0,41
5	51,2	0,5	0,58	0,25	0,3364	0,29
6	53,2	1,5	2,58	2,25	6,6564	3,87
7	54,8	2,5	4,18	6,25	17,4724	10,45
8	57	3,5	6,38	12,25	40,7044	22,33
9	59,2	4,5	8,58	20,25	73,6164	39,61
Σ = 45	**Σ = 506,2**			**Σ = 82,5**	**Σ = 274,676**	**Σ = 150,3**
$\bar{x}$ = 4,5	**$\bar{y}$ = 50,62**					

$$b = \frac{\sum_{i=1}^{n} (x_i - \bar{x}) \cdot (y_i - \bar{y})}{\sum_{i=1}^{n} (x_i - \bar{x})^2} = \frac{150,3}{82,5} = 1,8218182$$

$$a = \bar{y} - b\bar{x} = 50,62 - 1,8218182 \cdot 4,5 = 42,421818$$

somit lautet die Regressionsgerade:

$$y = 42,421818 + 1,8218182 \cdot x.$$

Als Prognosewert erhalten wir für die 10. Periode:

$$\hat{y}_{10} = 42,421818 + 1,8218182 \cdot 10$$

$$= 42,421818 + 18,218182$$

$$= 60,6399.$$

5. Das additive Modell

Betrachten wir Größen wie Preise und Umsatzzahlen, so sind diese in einer zeitlichen Entwicklung zu sehen. Dabei wiederum gibt es mehrere Komponenten zu unterscheiden:

- den Trend (L),
- den Konjunktureinfluß (K),
- den Saisoneinfluß (S),
- eine ungeklärte Restgröße (R).

Bei einem additiven Zeitreihenmodell unterstellt man für die zu erklärende Größe y_t für die Zeiträume t = 0, 1, 2, 3, ..., n folgenden additiven Zusammenhang:

$$y_t = l_t + k_t + s_t + r_t, \qquad (1)$$

wobei l_t, k_t, s_t und r_t jeweils die Ausprägungen des Trends, des Konjunktureinflusses, des Saisoneinflusses bzw. der ungeklärten Restgröße im Zeitraum t sind.

Dem Leser mag auffallen, daß wir für die Komponente Trend den Großbuchstaben L benutzen. Dies geschieht bewußt, um so Verwechslungen mit dem Index t für die Zeit ("time") zu vermeiden.

Wie nun kann man die einzelnen Größen in unserem additiven Ansatz bestimmen?

Trend

Die Trendkomponente wird mit einem Regressionsansatz geschätzt, wobei die Zeit (T) die erklärende und der Trend (L) die zu erklärenden Variablen sind:

$$l_t = a + b \cdot t. \qquad (2)$$

Fassen wir Konjunktur-, Saison- und Restkomponente zusammen, d. h. es gilt:

$$e_t = k_t + s_t + r_t, \qquad (3)$$

so wird aus (1) die folgende Gleichung:

$$y_t = l_t + e_t, \tag{1'}$$

bzw.

$$l_t = y_t - e_t, \tag{1''}$$

und wir erhalten entsprechend aus (2) die Gleichung:

$$y_t - e_t = a + b \cdot t,$$

bzw.

$$y_t = a + b \cdot t + e_t. \tag{2'}$$

Mit diesem Ansatz erhalten wir mit Hilfe des linearen Regressionsansatzes:

$$a = \bar{y} - b \cdot \bar{t}$$

bzw.

$$b = \frac{\sum\limits_{t=0}^{n} (t - \bar{t}) \cdot (y_t - \bar{y})}{\sum\limits_{t=0}^{n} (t - \bar{t})^2}$$

Beispiel

Das folgende Beispiel ist dem Buch von Klaus Wehrt, Beschreibende Statistik, Seite 206 entnommen. Allerdings unterstellen wir abweichend einen linearen Trend.

Wir betrachten Y: den Auftragsbestand eines Unternehmens über einen Zeitraum von 20 Perioden in Tausend DM.

t	y_t
0	18
1	24
2	22
3	25
4	23
5	25
6	19
7	20
8	15
9	19
10	17
11	24
12	24
13	32
14	30
15	36
16	34
17	37
18	32
19	37

In einem ersten Schritt bestimmen wir die arithmetischen Mittel von t und y_t:

$$\bar{t} = \frac{1}{n} \cdot \sum_{t=0}^{n} t = \frac{1}{20} \cdot 190 = 9{,}5$$

$$\bar{y} = \frac{1}{n} \cdot \sum_{t=0}^{n} y_t = \frac{1}{20} \cdot 513 = 25{,}65$$

Zur Berechnung aller weiteren Größen erweitern wir die obige Tabelle in der folgenden Form:

t	y_t	$(t - \bar{t})$	$(t - \bar{t})^2$	$(y_t - \bar{y})$	$(t - \bar{t})^2 \cdot (y_t - \bar{y})$
0	18	- 9,5	90,25	- 7,65	72,675
1	24	- 8,5	72,25	- 1,65	14,025
2	22	- 7,5	56,25	- 3,65	27,375
3	25	- 6,5	42,25	- 0,65	4,225
4	23	- 5,5	30,25	- 2,65	14,575
5	25	- 4,5	20,25	- 0,65	2,925
6	19	- 3,5	12,25	- 6,65	23,275
7	20	- 2,5	6,25	- 5,65	14,125
8	15	- 1,5	2,25	- 10,65	15,975
9	19	- 0,5	0,25	- 6,65	3,325
10	17	0,5	0,25	- 8,65	4,325
11	24	1,5	2,25	- 1,65	- 2,475
12	24	2,5	6,25	- 1,65	- 4,125
13	32	3,5	12,25	6,35	22,225
14	30	4,5	20,25	4,35	19,575
15	36	5,5	30,25	10,35	56,925
16	34	6,5	42,25	8,35	- 62,725
17	37	7,5	56,25	11,35	- 64,875
18	32	8,5	72,25	6,35	- 65,025
19	37	9,5	90,25	11,35	- 63,175
Σ	513		665		33,133

Also erhalten wir für die gesuchten Größen a und b:

$$b = \frac{\sum_{t=0}^{n} (t-\bar{t}) \cdot (y_t - \bar{y})}{\sum_{t=0}^{n} (t-\bar{t})^2}$$

$$= \frac{33{,}133}{665} = 0{,}0498$$

bzw.

$$a = \bar{y} - b \cdot \bar{t}$$

$$= 25{,}65 - 0{,}0498 \cdot 9{,}5$$

$$= 25{,}65 - 0{,}47310$$

$$= 25{,}1769$$

Für unser Ausgangsproblem, die Schätzung des Trends (L) erhalten wir nach (2):

$$l_t = a + b \cdot t$$

$$= 25{,}1769 + 0{,}0498 \cdot t.$$

Konjunkturkomponente

Um die Konjunkturkomponente zu bestimmen, werden wir den Saisoneinfluß und die ungeklärte Restgröße vernachlässigen und die verbleibende Größe

$$g_t = l_t + k_t$$

bestimmen. Da wir l_t kennen, können wir dann k_t als Differenz aus

$$g_t - l_t = k_t$$

festlegen. Um das soeben skizzierte Vorgehen zu rechtfertigen, müssen wir einige Annahmen treffen:

(A1) Die Funktion G kann für die Länge $2m + 1$, $m \in \mathbf{N}$, einer Saison über eine lineare Funktion angenähert werden. Dies bedeutet für jedes i, für das gilt: $t - m \leq i \leq t + m$:

$$g_i \approx a + b \cdot i.$$

(A2) Die Restgröße R liegt für alle Zeitpunkte i in der Nähe von Null, so daß für die Summe der r_i gilt:

$$\sum r_i \approx 0.$$

(A3) Der Saisoneinfluß (S) ist über die Länge der Saison nicht erkennbar:

$$\sum_{i=t-m}^{t+m} s_i \approx 0.$$

Die Idee ist, ausgehend von einem Zeitpunkt l die vor- und rückwärtigen Beobachtungen in einem Durchschnitt zusammenzufassen:

$$\bar{y}_t := \frac{1}{2m+1} \sum_{i=t-m}^{t+m} y_i = \frac{1}{2m+1} \sum_{i=t-m}^{t+m} l_i + k_i + s_i + r_i$$

$$= \frac{1}{2m+1} \sum_{i=t-m}^{t+m} g_i + \frac{1}{2m+1} \sum_{i=t-m}^{t+m} s_i + \frac{1}{2m+1} \sum_{i=t-m}^{t+m} r_i$$

$$= \frac{1}{2m+1} \sum_{i=t-m}^{t+m} g_i \qquad \text{wegen (A2) und (A3)}$$

$$= \frac{1}{2m+1} \sum_{i=t-m}^{t+m} a + b \cdot i \qquad \text{wegen (A1)}$$

$$= \frac{1}{2m+1} \sum_{i=t-m}^{t+m} a + \frac{1}{2m+1} \sum_{i=t-m}^{t+m} b \cdot i$$

$$= a + \frac{1}{2m+1} \cdot b \cdot (2m+1) \cdot t = a + b \cdot t$$

Also gilt mit Hilfe der Annahme (A1):

$$g_t = a + b \cdot t = \bar{y}_t = \frac{1}{2m+1} \sum_{i=t-m}^{t+m} y_i \, .$$

Dem aufmerksamen Leser wird aufgefallen sein, daß in unserer Betrachtung von einer ungeraden Saisonlänge 2m + 1 ausgegangen wird. Wie also sieht unsere Überlegung für eine gerade Saisonlänge aus?

Es ergibt sich:

$$g_t = a + b \cdot t$$

$$= \bar{y}_t$$

$$= \frac{1}{2m} \left(\frac{1}{2} y_{t-m} + \frac{1}{2} y_{t+m} + \sum_{i=t-m+1}^{t+m-1} y_i \right).$$

Zur Verdeutlichung der vorgestellten Darstellung setzen wir unser Beispiel fort:

t	y_t	$\bar{y}_t = g_t$	l_t	$g_t - l_t = k_t$
0	18			
1	24	22,00	25,2267	- 3,1271
2	22	23,25	25,2765	- 2,0265
3	25	23,75	25,3263	- 1,5763
4	23	24,00	25,3761	- 1,3761
5	25	23,00	25,4259	- 2,4259
6	19	20,75	25,4757	- 4,7257
7	20	18,50	25,5255	- 7,0255
8	15	17,25	25,5753	- 8,3253
9	19	17,50	25,6251	- 8,1251
10	17	19,25	25,6749	- 6,4249
11	24	22,25	25,7247	- 3,4747
12	24	26,00	25,7745	0,2255
13	32	29,50	25,8243	3,6757
14	30	32,00	25,8741	6,1259
15	36	34,00	25,9239	8,0761
16	34	35,25	25,9737	9,2763
17	37	35,00	26,0235	8,9765
18	32	34,50	28,0733	6,4267
19	37			
Σ	513			

Zur Berechnung der Größe l_t haben wir die bereits geschätzte Trendkomponente

$$l_t = a + b \cdot t$$

$$= 25{,}1769 + 0{,}0498 \cdot t.$$

herangezogen.

Um den **Saisoneinfluß** genauer untersuchen zu können, nehmen wir zum Entsetzen aller eine weitere Indizierung vor. Mit einem (gleichen) zweiten Index sollen jeweils solche Ausprägungen kenntlich gemacht werden, die zum gleichen Saisonabschnitt gehören: Bei Jahresdaten etwa das 1. bzw. das 2. Halbjahr oder jeweils der gleiche Monat.

Zu diesem Zweck bilden wir die erste Spalte in unserem Beispiel gemäß der eben beschriebenen Indizierung. Wir unterstellen Halbjahresdaten, somit ergibt sich:

Beispiel

i	j	y_{ij}
1	1	18
1	2	24
2	1	22
2	2	25
3	1	23
3	2	25
4	1	19
4	2	20
5	1	15
5	2	19
6	1	17
6	2	24
7	1	24
7	2	32
8	1	30
8	2	36
9	1	34
9	2	37
10	1	32
10	2	37

Wir hatten folgenden Zusammenhang unterstellt:

$$y_t = l_t + k_t + s_t + r_t.$$

Mit $g_t = k_t + l_t$ ergab sich daraus:

$$y_t = g_t + s_t + r_t,$$

bzw.

$$y_t - g_t = s_t + r_t. \qquad (*)$$

Sei p die Anzahl der vergleichbaren Zeitperioden bzw. der gleichartigen Saisonabschnitte. Dies sind etwa die gleichen Monate bzw. die gleichen Quartale bzw. die gleiche Halbjahresabschnitte der einzelnen Jahre. Wir definieren die **Saisonveränderungszahl** $\overline{s_{.j}}$:

$$\overline{s_{.j}} =: \frac{1}{p} \sum_{i=1}^{g} (y_{ij} - g_{ij})$$

Wegen (*) können wir dies auch in der folgenden Form schreiben:

$$\overline{s_{.j}} =: \frac{1}{p} \sum_{i=1}^{g} (s_{ij} + r_{ij}) = \frac{1}{p} \sum_{i=1}^{g} s_{ij} + \frac{1}{p} \sum_{i=1}^{g} r_{ij}.$$

Wegen der Annahme (A2) entspricht $\overline{s_{.j}}$ somit im Mittel etwa der **saisonalen Komponente (Saisonkomponente)**:

Die Summe dieser Saisonkomponenten müßte wegen (A2) und (A3) nahe bei Null liegen; um hier aber sicher zu gehen, bilden wir noch die **Saisonänderungszahl**, wobei m die Saisonlänge bezeichnet;

$$s_{ij} = \overline{s_{.j}} - \frac{1}{2m} \sum_{j=1}^{2m} \overline{s_{.j}}.$$

Die Saisonänderungszahl s_{ij} ist für alle vergleichbaren Zeitabschnitte der Saison gleich und man spricht vom Verfahren der **Saisonbereinigung**.

Wir versuchen das Verfahren mit unserem bereits eingeführten Beispiel zu verdeutlichen:

Beispiel

i	j	y_{ij}	g_{ij}	$y_{i1} - g_{i1}$	$y_{i2} - g_{i2}$
1	1	18			
1	2	24	22,00		2,00
2	1	22	23,25	- 1,25	
2	2	25	23,75		1,25
3	1	23	24,00	- 1,00	
3	2	25	23,00		2,00
4	1	19	20,75	- 1,75	
4	2	20	18,50		1,50
5	1	15	17,25	- 2,25	
5	2	19	17,50		1,50
6	1	17	19,25	- 2,25	
6	2	24	22,25		1,75
7	1	24	26,00	- 2,00	
7	2	32	29,50		2,50
8	1	30	32,00	- 2,00	
8	2	36	34,00		2,00
9	1	34	35,25	- 1,25	
9	2	37	35,00		2,00
10	1	32	34,50	- 2,50	
10	2	37			
Σ				- 16,25	16,50

Aus den Werten dieser Arbeitstabelle bilden bzw. berechnen wir:

$$\overline{s_{.1}} =: \frac{1}{p} \sum_{i=1}^{g} (y_{i1} - g_{i1}) = \frac{1}{9} (-16{,}25) = -1{,}806.$$

$$\overline{s_{.2}} =: \frac{1}{p} \sum_{i=1}^{g} (y_{i2} - g_{i2}) = \frac{1}{9} (16{,}50) = 1{,}834.$$

Da es sich in unserem Beispiel um Halbjahresdaten handelt, beträgt m = 1 bzw. es gilt:

$$2m = 2.$$

Dies führt zu folgenden Saisonänderungszahlen:

$$s_{i1} = -1{,}806 - \frac{1}{2}(-1{,}806 + 1{,}834) = -1{,}806 - 0{,}014 = -1{,}820$$

und

$$s_{i2} = 1{,}834 - \frac{1}{2}(-1{,}806 + 1{,}834) = 1{,}834 - 0{,}014 = 1{,}820.$$

i	j	y_{ij}	g_{ij}	$y_{i1} - g_{i1}$	$y_{i2} - g_{i2}$	s_{ij}
1	1	18				
1	2	24	22,00		2,00	1,82
2	1	22	23,25	- 1,25		- 1,82
2	2	25	23,75		1,25	1,82
3	1	23	24,00	- 1,00		- 1,82
3	2	25	23,00		2,00	1,82
4	1	19	20,75	- 1,75		- 1,82
4	2	20	18,50		1,50	1,82
5	1	15	17,25	- 2,25		- 1,82
5	2	19	17,50		1,50	1,82
6	1	17	19,25	- 2,25		- 1,82
6	2	24	22,25		1,75	1,82
7	1	24	26,00	- 2,00		- 1,82
7	2	32	29,50		2,50	1,82
8	1	30	32,00	- 2,00		- 1,82
8	2	36	34,00		2,00	1,82
9	1	34	35,25	- 1,25		- 1,82
9	2	37	35,00		2,00	1,82
10	1	32	34,50	- 2,50		- 1,82
10	2	37				
Σ				- 16,25	16,50	0

so long Marianne

Come over to the window, my little darling,
I'd like to try to read your palm.
I used to think I was some kind of Gypsy boy
before I let you take me home.
Now so long, Marianne, it's time that we began
to laugh and cry and cry and laugh about it all again.

Well you know that I love to live with you,
but you make me forget so very much.
I forget to pray for the angels
and then the angels forget to pray for us.

Now so long, Marianne, it's time that we began ...

We met when we were almost young
deep in the green lilac park.
You held on to me like I was a crucifix,
as we went kneeling through the dark.

Oh so long, Marianne, it's time that we began ...

Your letters they all say that you're beside me now.
Then why do I feel alone?
I'm standing on a ledge and your fine spider web
is fastening my ankle to a stone.

Now so long, Marianne, it's time that we began ...

For now I need your hidden love.
I'm cold as a new razor blade.
You left when I told you I was curious,
I never said that I was brave.

Oh so long, Marianne, it's time that we began ...

Oh, you are really such a pretty one.
I see you've gone and changed your name again.
And just when I climbed this whole mountainside,
to wash my eyelids in the rain!

Oh so long, Marianne, it's time that we began ...

Leonard Cohen

VI Multivariate Verfahren

"Ich kann mir ein Leben ohne Bücher vorstellen, ohne Theater und natürlich auch ohne Werder Bremen. Aber das Leben mit alledem ist sehr viel schöner."

Jürgen Flimm

1. Einleitung

Bei den multivariaten Verfahren unterscheidet man folgende Verfahren:

- Regressionsanalyse
- Varianzanalyse
- Logistische Regression
- Diskriminanzanalyse
- Kontingenzanalyse
- Faktorenanalyse
- Clusteranalyse
- Kausalanalyse
- Multidimensionale Skalierung
- Conjoint Measurement

Man kann diese Verfahren nach **struktur-entdeckenden Verfahren** und **struktur-prüfenden Verfahren** (siehe etwa Backhaus und andere) unterscheiden.

Bei **struktur-prüfenden Verfahren** geht es um die Überprüfung von Zusammenhängen zwischen Variablen. Dies setzt voraus, daß man bereits aufgrund von Überlegungen eine Vorstellung bzw. Vermutung über die Zusammenhänge zwischen einzelnen Variablen besitzt, die man jetzt mit Hilfe einzelner Verfahren überprüfen will. Zu solchen Verfahren zählt man:

- Regressionsanalyse
- Varianzanalyse
- Logistische Regression
- Diskriminanzanalyse
- Kontingenzanalyse
- Kausalanalyse
- Conjoint Measurement

Bei **struktur-entdeckenden** Verfahren besitzt der Betrachter einzelner Datensätze keine Vorstellung, welche möglichen Beziehungen bestehen und versucht mit entsprechenden Verfahren, diese aufzudecken.

Als Verfahren wären hier zu nennen:

- Faktorenanalyse
- Clusteranalyse
- Multidimensionale Skalierung

Regressionsanalyse

Die Regressionsanalyse wird für die Erklärung von Zusammenhängen, aber auch für die Erstellung von Prognosen herangezogen.

Bei der Regressionsanalyse betrachten wir den Zusammenhang zwischen einer abhängigen und einer oder mehreren unabhängigen Variablen. Dabei wird vorausgesetzt, daß wir ein metrisches Skalenniveau vorliegen haben. Es wird dann untersucht, ob der unterstellte bzw. vermutete Zusammenhang tatsächlich existiert.

Man untersucht etwa, ob die Absatzmenge eines Produktes vom Preis, dem Werbebudget, der Anzahl der geschalteten Werbespots, etc. abhängig ist.

Varianzanalyse

Bei der Varianzanalyse unterstellt man, daß die unabhängigen Variablen ein nominales Skalenniveau und die abhängigen Variablen ein metrisches Skalenniveau besitzen.

So wird etwa untersucht, ob alternativ gestaltete Verkaufsflächen eine Auswirkung auf die Absatzmenge besitzen.

Diskriminanzanalyse

Bei der Diskriminanzanalyse wird vorausgesetzt, daß die abhängigen Variablen nominal skaliert sind, während die unabhängigen Variablen metrisch skaliert sind. Die Diskriminanzanalayse dient der **Untersuchung von Gruppenunterschieden**. Man stellt dann etwa die Frage, wie sich die Mitglieder von verschiedenen Parteien unterscheiden. In diesem Fall wäre die Parteizugehörigkeit die nominale Variable, während die unabhängigen Variablen die Parteimitglieder beschreiben.

Neben der Analyse von Gruppenunterschieden beschäftigt sich die Diskriminanzanalyse mit der **Klassifizierung von Elementen**. Hat man etwa für eine vorgegebene Menge den Zusammenhang zwischen Gruppenzugehörigkeit der einzelnen Elemente und ihren Merkmalen analysiert, so kann man für neue Elemente eine Prognose über deren Zugehörigkeit zu den jeweiligen Gruppen abgeben.

Als Beispiel wäre hier die Einstufung von Bankkunden in die sogenannten Risikoklassen bei Krediten oder Spekulationen zu nennen.

Kontingenzanalyse

Bei der Kontingenzanalyse sind sowohl die abhängigen als auch die unabhängigen Variablen nominal skaliert. Eine klassische Fragestellung ist dann die, ob es etwa einen Zusammenhang zwischen Rauchen (Raucher bzw. Nichtraucher) und Lungenkrebs (ja, nein) gibt.

Logistische Regression

Erinnern wir uns an das Ziel der Diskriminanzanalyse, so wird bei der logistischen Regression die Frage nach der Wahrscheinlichkeit der Zugehörigkeit zu einer Gruppe gestellt. Dabei können die unabhängigen Variablen sowohl nominal als auch metrisch skaliert sein.

Man kann auf diese Weise im Bereich der Medizin das Erkrankungsrisiko in Abhängigkeit von Alter, Geschlecht und Cholesterin-Spiegel angeben.

Kausalanalyse

Bislang konnten wir bei den vorgestellten Verfahren alle Variablen in der Realität beobachten und in der Regel auch messen. Was aber macht man, wenn die zu untersuchenden Variablen lediglich eine hypothetische Konstruktion sind? In der Medizin könnte man etwa psychologische Konstrukte wie Einstellung oder Motivation anführen. Auch Überlegungen wie die Zugehörigkeit zu einer sozialen Schicht oder Kultur können hier angeführt werden.

In solchen Fällen kann die Kausalanalyse herangezogen werden.

Conjoint Measurement

Rufen wir uns die unterschiedlichen Skalenniveaus der bereits vorgestellten Verfahren in Erinnerung, so wurde in der Regel zwischen nominal und metrisch skalierten Variablen unterschieden. Beim Conjoint Measurement wird die abhängige Variable als ordinal skaliert vorausgesetzt.

Man will dann erkennen, welchen Beitrag einzelne Merkmale zum Gesamtnutzen dieser Objekte leisten. Welche Auswirkung haben etwa unterschiedliche Materialien, Formen, Farben, Größen und Preise von Verpackungen auf deren Nutzenbeurteilung.

Faktorenanalyse

In der Regel beobachtet man eine Vielzahl von Einflußfaktoren. Man ist dann daran interessiert, ob sich diese vielen Faktoren zu einigen wenigen verdichten lassen. Bei Kraftfahrzeugen werden dann nur die verdichteten Faktoren wie Größe, Leistung und Sicherheit angeführt, die aber wiederum auf sehr vielen technischen Werten basieren.

Clusteranalyse

Bei der Faktoranalyse wird eine Reduzierung auf wenige Variablen angestrebt, dagegen wird bei der Clusteranalyse angestrebt, Objekte zu Gruppen zu bündeln.

Multidimensionale Skalierung

Als Alternative zur Faktorenanalyse kann man für Positionierungsanalysen die Multidimensionale Skalierung betrachten.

2. Kontingenztafeln

Wir betrachten als Erinnerung und Auffrischung aus dem Gebiet der Statistik zwei Merkmale X und Y auf derselben Grundgesamtheit. Dabei sei a_i (i = 1, 2, ..., n) die beim i-ten Merkmalsträger beobachtete Ausprägung von X und analog b_i (i = 1, 2, ..., n) die beim i-ten Merkmalsträger beobachtete Ausprägung von Y. Es werden also pro Merkmalsträger zwei Merkmalswerte erhoben: der X-Wert und der Y-Wert.

Genauso wie bei Erhebungen eines Merkmals werden die Beobachtungen der Größe nach geordnet, und wir erhalten:

$x_1, x_2, x_3, ..., x_k$, wobei x_1 der kleinste und x_k der größte beobachtete Wert des Merkmals X ist.

$y_1, y_2, y_3, ..., y_m$, wobei y_1 der kleinste und y_m der größte beobachtete Wert des Merkmals Y ist.

Definition

Seien X und Y diskrete statistische Variablen mit den Realisationen

$$x_i \ (i = 1, 2, ..., k) \text{ bzw. } y_j \ (j = 1, 2, ..., m).$$

Die Anzahl des gleichzeitigen Vorkommens von x_i und y_j bei einem Merkmalsträger heißt **gemeinsame absolute Häufigkeit von x_i und y_j** und wir schreiben:

$$n(X = x_i, Y = y_j) \text{ oder kurz } n_{ij} .$$

Definition

Die Spaltensummen der absoluten Häufigkeiten über alle i bezeichnen wir mit:

$$n_{.j} := \sum_{i=1}^{k} n_{ij} \text{ für } j = 1, 2, ..., m.$$

$n_{.1}, n_{.2}, n_{.3}, ..., n_{.m}$ heißen die **absoluten Randhäufigkeiten** vom Merkmal Y.

Die Zeilensummen der absoluten Häufigkeiten über alle j bezeichnen wir mit:

$$n_{i.} := \sum_{j=1}^{m} n_{ij} \text{ für } i = 1, 2, ..., k.$$

$n_{1.}, n_{2.}, n_{3.}, \ldots, n_{k.}$ heißen die **absoluten Randhäufigkeiten** vom Merkmal X.

Die zwei Merkmale X und Y werden mit den dazugehörigen Ausprägungen in einer **zweidimensionalen Häufigkeitstabelle** oder **Kontingenztabelle**[3] eingetragen:

Dazu faßt man die Elemente n_{ij} als Elemente einer Matrix auf, wobei der Index ij angibt, daß das Element in der i-ten Zeile und j-ten Spalte steht.

Die Kopfzeile besteht aus dem Merkmal Y und dessen Ausprägungen und die linke Spalte aus dem Merkmal X und dessen Ausprägungen:

X \ Y	y_1	y_2	y_3	...	...	y_m	Σ
x_1	n_{11}	n_{12}	n_{13}	...	...	n_{1m}	$n_{1.}$
x_2	n_{21}	n_{22}	n_{23}	...	...	n_{2m}	$n_{2.}$
x_3	n_{31}	n_{32}	n_{33}	...	...	n_{3m}	$n_{3.}$
...	...	...	...	...	...	...	
...	...	...	...	...	...	...	
x_k	n_{k1}	n_{k2}	n_{k3}	...	...	n_{km}	$n_{k.}$
Σ	$n_{.1}$	$n_{.2}$	$n_{.3}$	...	...	$n_{.m}$	

3 contingere: in Verwandtschaft, Beziehung, Berührung stehen

Definition

Unter der **relativen gemeinsamen Häufigkeit** $h(X = x_i, Y = y_j)$ von x_i und y_j verstehen wir den Quotienten aus der absoluten Häufigkeit und der Anzahl der insgesamt vorhandenen Werte (n):

$$h(X = x_i, Y = y_j) := \frac{n(X = x_i, Y = y_j)}{n} = \frac{n_{ij}}{n}.$$

Statt $h(X = x_i, Y = y_j)$ schreiben wir auch kurz h_{ij}.

Die Spaltensummen der relativen gemeinsamen Häufigkeiten über alle i bezeichnen wir mit:

$$h_{.j} := \sum_{i=1}^{k} h_{ij} \quad \text{für } j = 1, 2, ..., m.$$

$h_{.1}, h_{.2}, h_{.3}, ..., h_{.m}$ heißen die **relativen Randhäufigkeiten** vom Merkmal Y.

Die Zeilensummen der relativen gemeinsamen Häufigkeiten über alle j bezeichnen wir mit:

$$h_{i.} := \sum_{j=1}^{m} h_{ij} \quad \text{für } i = 1, 2, ..., k.$$

$h_{1.}, h_{2.}, h_{3.}, ..., h_{k.}$ heißen die **relativen Randhäufigkeiten** vom Merkmal X.

Definition

Unter der **zweidimensionalen Häufigkeitsfunktion** für diskrete Merkmale verstehen wir eine Abbildung f_{XY}: $\mathbf{R}^2 \rightarrow [0,1]$ mit

$$f_{XY}(x,y) := \begin{cases} \dfrac{n_{ij}}{n} & \text{, falls } x = x_i \text{ für } i = 1, 2, \dots, k \\ & \quad \text{und } y = y_j \text{ für } j = 1, 2, \dots, m \\ 0 & \text{, sonst} \end{cases}$$

Definition

Die Funktion

$$F_{XY}: \mathbf{R}^2 \to [0,1]$$

mit

$$F_{XY}(x,y) := \sum_{x_i \leq x} \sum_{y_j \leq y} f_{XY}(x_i, y_j)$$

wird als **gemeinsame empirische Verteilungsfunktion F_{xy}** bezeichnet.

Interessieren wir uns für die **Verteilung** einer diskreten Variablen bei jeweils bestimmten Realisationen einer zweiten Variablen, so erhalten wir:

Definition

Die relative Häufigkeit, mit der die Merkmalsausprägung y_j beobachtet wird unter der Bedingung, daß für das Merkmal X die Ausprägung x_i angenommen wird, ist:

$$h(Y = y_j \mid X = x_i) := \frac{n(X = x_i, Y = y_j)}{n(X = x_i)}$$

$$= \frac{n_{ij}}{n_{i.}}$$

und wird als **bedingte relative Häufigkeit** bezeichnet.

Statt $h(Y = y_j \mid X = x_i)$ schreiben wir kurz $h(y_j \mid x_i)$.

Eine andere Sprechweise lautet: die relative Häufigkeit für $Y = y_j$ unter der Bedingung, daß $X = x_i$ gilt.

Einige Eigenschaften für Häufigkeiten und bedingte Häufigkeiten sind in dem folgenden Satz zusammengefaßt, wobei der Beweis dem Leser überlassen wird:

Satz

Es gilt:

1.) $$\sum_{i=1}^{k} \sum_{j=1}^{m} n_{ij} = \sum_{j=1}^{m} n_{.j} = \sum_{i=1}^{k} n_{i.} = n$$

2.) $$\sum_{i=1}^{k} \sum_{j=1}^{m} h_{ij} = \sum_{j=1}^{m} h_{.j} = \sum_{i=1}^{k} h_{i.} = 1$$

3.) $$h(Y = y_j \mid X = x_i) = \frac{h_{ij}}{h_{i.}}$$

Bei der Beobachtung **eines** Merkmals haben wir die mittlere quadratische Abweichung gemessen. Diesen Gedanken nehmen wir wieder auf und formulieren für zwei Merkmale:

Definition

Seien X und Y diskrete, kardinalskalierte statistische Variablen mit den Realisationen (a_i,b_i) $(i = 1, 2, ..., n)$.
Seien

$$\bar{x} := \frac{1}{n} \sum_{i=1}^{n} a_i \text{ und } \bar{y} := \frac{1}{n} \sum_{i=1}^{n} b_i .$$

Die **empirische Kovarianz S_{XY}** von X und Y ist:

$$S_{XY} := \frac{1}{n} \cdot \sum_{i=1}^{n} (a_i - \bar{x}) \cdot (b_i - \bar{y}) .$$

Definition

Seien X und Y diskrete, kardinalskalierte statistische Variablen mit den unterschiedlichen Realisationen

$$x_i \ (i = 1, 2, ..., k) \text{ bzw. } y_j \ (j = 1, 2, ..., m),$$

d.h. die Daten liegen in einer Häufigkeitstabelle bzw. Kontingenztabelle vor.

Die **empirische Kovarianz S_{XY}** von X und Y ist:

$$S_{XY} := \frac{1}{n} \cdot \sum_{i,j} (x_i - \bar{x}) \cdot (y_j - \bar{y}) \cdot n_{ij}$$

$$= \frac{1}{n} \cdot \sum_{i=1}^{k} \sum_{j=1}^{m} (x_i - \bar{x}) \cdot (y_j - \bar{y}) \cdot n_{ij}$$

$$= \sum_{i=1}^{k} \sum_{j=1}^{m} (x_i - \bar{x}) \cdot (y_j - \bar{y}) \cdot h_{ij} .$$

Die folgende Aussage kann uns die Berechnung der empirischen Kovarianz erleichtern:

Satz

Es gilt:

$$S_{XY} = \frac{1}{n} \cdot \sum_{i=1}^{k} \sum_{j=1}^{m} x_i \cdot y_j \cdot n_{ij} - \bar{x} \cdot \bar{y}$$

Korrelationsrechnung

Da wir mit der Kovarianz nur die Möglichkeit besitzen, zwischen positiven, negativen oder gar keinen Zusammenhängen zu unterscheiden, also nicht sagen können, ob zwei Merkmale stärker oder schwächer linear voneinander abhängen, wenden wir uns der Korrelationsrechnung zu. Der Begriff "Korrelation" steht für Wechselbeziehung. In diesem Abschnitt soll eine Maßzahl für eine **vermutete** Beziehung zwischen zwei Phänomenen entwickelt werden, die Auskunft darüber geben soll, wie "gut" die Daten auf einer idealisierten Geraden liegen. Wir erhalten diese neue Maßzahl, indem wir die Kovarianz ins Verhältnis setzen zu dem Produkt der beiden Standardabweichungen von den X-Werten und den Y-Werten.

Zuerst wenden wir uns kardinalskalierten Merkmalen zu:

Definition

Seien X und Y diskrete, kardinalskalierte statistische Variablen mit den Realisationen (a_i,b_i) $(i = 1, 2, ..., n)$.

Dann versteht man unter dem **Korrelationskoeffizienten (Bravais-Pearson[4]-Korrelationskoeffizienten, Produkt-Moment-Korrelationskoeffizienten)** den Ausdruck:

$$r := \frac{\sum_{i=1}^{n} (a_i - \bar{x}) \cdot (b_i - \bar{y})}{\sqrt{\sum_{i=1}^{n} (a_i - \bar{x})^2 \cdot \sum_{i=1}^{n} (b_i - \bar{y})^2}} .$$

Zum besseren Verständnis des soeben eingeführten Begriffes sind einige Bemerkungen nötig:

Bemerkung

1.) Damit der obige Ausdruck definiert ist, setzen wir voraus, daß weder alle a_i-Werte noch alle b_i-Werte gleich sind, also keine Standardabweichung

4 Der Bravais-Pearson-Korrelationskoeffizient geht auf den englischen Statistiker Sir Francis Galton (1822 - 1911) zurück. Bekannt wurde dieser Koeffizient durch Auguste Bravais (1811 - 1863) und Karl Pearson (1857 - 1936).

den Wert Null hat.

2.) Durch den Nenner wird der obige Ausdruck normiert, d.h. es gilt:

$$|r| \leq 1.$$

3.) Ein Wert von 1 bzw. -1 bedeutet, daß alle Werte (a_i, b_i) des Datensatzes auf einer Geraden liegen.

4.) Wie ist der Wert r zu interpretieren? Folgende grobe Unterscheidung ist möglich:

$\|r\|$	**Interpretation**
0	keine Korrelation
0 - 0,5	schwache Korrelation
0,5 - 0,8	mittlere Korrelation
0,8 - 1	starke Korrelation
1	perfekte Korrelation

5.) Eine gleichwertige, für Berechnungen gelegentlich besser geeignete Darstellung für den Korrelationskoeffizienten lautet:

$$r = \frac{n \sum_{i=1}^{n} a_i \cdot b_i - \sum_{i=1}^{n} a_i \cdot \sum_{i=1}^{n} b_i}{\sqrt{n \sum_{i=1}^{n} a_i^2 - \left(\sum_{i=1}^{n} a_i \right)^2} \cdot \sqrt{n \sum_{i=1}^{n} b_i^2 - \left(\sum_{i=1}^{n} b_i \right)^2}}$$

Sind die Merkmale nicht kardinalskaliert, sondern nur ordinalskaliert, so ist der Korrelationskoeffizient nach Bravais-Pearson nicht sinnvoll, da die reellen Werte für die Merkmalsausprägungen willkürlich festgelegt wurden. Stattdessen wenden wir uns dem Rangkorrelationskoeffizienten nach Spearman[5] zu, indem wir die einzelnen Ausprägungen der Größe nach ordnen und auf diese Weise Rangzahlen erhalten, die in ähnlicher Weise wie die kardinalskalierten Größen beim Korrelationskoeffizienten nach Bravais-Pearson benutzt werden:

5 Charles Edward Spearman (1863 - 1945) entwickelte diese Größe im Jahre 1904 für psychologische Untersuchungen.

Definition

Seien X und Y diskrete, ordinalskalierte statistische Variablen mit den Realisationen (a_i,b_i) (i = 1, 2, ..., n).

Den einzelnen Ausprägungen a_i und b_i werden Rangnummern R_i und S_i zugeordnet: Ist etwa a_3 die kleinste Ausprägung, so gilt $R_3 = 1$, usw.

Der **Rangkorrelationskoeffizient nach Spearman r_{Sp}** ist dann:

$$r_{Sp} = \frac{\sum_{i=1}^{n} (R_i - \bar{R}) \cdot (S_i - \bar{S})}{\sqrt{\sum_{i=1}^{n} (R_i - \bar{R})^2 \cdot \sum_{i=1}^{n} (S_i - \bar{S})^2}} \qquad (0) .$$

Folgendes ist beim Rangkorrelationskoeffizienten nach Spearman zu beachten:

Bemerkung

1.) Falls für alle i ∈ {1, 2, ..., n} gilt:

$$R_i = S_i,$$

so folgt

$$r_{Sp} = 1.$$

2.) Es gilt:

$$|r_{Sp}| \leq 1.$$

3.) Falls für alle i ∈ {1, 2, ..., n} gilt:

$$R_i = n + 1 - S_i,$$

so folgt

$$r_{Sp} = -1.$$

4.) Sind Ausprägungen mehrfach vertreten, so wird der Wert für den Rang dieser Beobachtungen gemittelt:

Betrachten wir zum Beispiel den Datensatz

$$\{ -1, 0, 5, 19, 20, 19, 19 \},$$

so lautet der aufsteigend geordnete Datensatz:

$$-1 \leq 0 \leq 5 \leq 19 \leq 19 \leq 19 \leq 20$$

und dies führt zu der Vergabe folgender Rangnummern:

a_i	-1	0	5	19	19	19	20
Rangnummer	1	2	3	5	5	5	7

Falls keine gleichen Beobachtungswerte im Datensatz vorliegen, läßt sich der Rangkorrelationskoeffizient nach Spearman r_{Sp} auch wie folgt berechnen:

Satz

Sind bei keinem der Merkmale zwei oder mehr gleiche Rangnummern vergeben worden, so gilt:

$$r_{Sp} = 1 - \frac{6 \cdot \sum_{i=1}^{n} (R_i - S_i)^2}{(n-1) \cdot n \cdot (n+1)}$$

Beweis

Allgemein gilt:

$$\bar{R} = \frac{1+2+3+\ldots+n}{n} = \frac{n \cdot (n+1)}{2n} = \frac{n+1}{2} \tag{1}$$

und völlig analog:

$$\bar{S} = \frac{1+2+3+\ldots+n}{n} = \frac{n \cdot (n+1)}{2n} = \frac{n+1}{2} \tag{2}$$

In einem nächsten Schritt formen wir einen Teil des Nenners von Ausdruck (0) um:

$$\sum_{i=1}^{n} (R_i - \bar{R})^2 = \sum_{i=1}^{n} (R_i^2 - 2R_i \cdot \bar{R} + \bar{R}^2)$$

$$= \sum_{i=1}^{n} R_i^2 - \sum_{i=1}^{n} 2R_i \cdot \bar{R} + n \cdot \bar{R}^2$$

$$= \sum_{i=1}^{n} R_i^2 - 2 \cdot \bar{R} \sum_{i=1}^{n} R_i + n \cdot \bar{R}^2$$

$$= \sum_{i=1}^{n} R_i^2 - 2n \cdot \bar{R}^2 + n \cdot \bar{R}^2$$

$$= \sum_{i=1}^{n} R_i^2 - n \cdot \bar{R}^2$$

$$= (1^2 + 2^2 + 3^2 + ... + n^2) - n \cdot \left(\frac{n+1}{2}\right)^2$$

$$= \frac{n \cdot (n+1) \cdot (2n+1)}{6} - n \cdot \frac{(n+1)^2}{4}$$

$$= \frac{n \cdot (n+1)}{2} \cdot \left[\frac{2n+1}{3} - \frac{n+1}{2}\right]$$

$$= \frac{n \cdot (n+1)}{2} \cdot \frac{4n + 2 - 3n - 3}{6}$$

$$= \frac{n \cdot (n+1)}{2} \cdot \frac{n-1}{6}$$

$$= \frac{(n-1) \cdot n \cdot (n+1)}{12} \qquad (3)$$

Völlig analog erhalten wir:

$$\sum_{i=1}^{n} (S_i - \bar{S})^2 = \frac{(n-1) \cdot n \cdot (n+1)}{12} \qquad (4)$$

Jetzt wenden wir uns dem Zähler von Ausdruck (0) zu:

$$\sum_{i=1}^{n} (R_i - \bar{R}) \cdot (S_i - \bar{S}) =$$

$$= \sum_{i=1}^{n} \left(R_i \cdot S_i - \bar{S} \cdot R_i - \bar{R} \cdot S_i + \bar{R} \cdot \bar{S} \right)$$

$$= \sum_{i=1}^{n} R_i \cdot S_i - \bar{S} \sum_{i=1}^{n} R_i - \bar{R} \sum_{i=1}^{n} S_i + n \cdot \bar{R} \cdot \bar{S}$$

$$= \sum_{i=1}^{n} R_i \cdot S_i - n \cdot \bar{R} \cdot \bar{S} - n \cdot \bar{R} \cdot \bar{S} + n \cdot \bar{R} \cdot \bar{S}$$

$$= \sum_{i=1}^{n} R_i \cdot S_i - n \cdot \bar{R} \cdot \bar{S} \qquad (5)$$

Betrachten wir den Ausdruck (0) und setzen in ihn die Ergebnisse (3), (4) und (5) ein, so ergibt sich:

$$\frac{\sum_{i=1}^{n} (R_i - \bar{R}) \cdot (S_i - \bar{S})}{\sqrt{\sum_{i=1}^{n} (R_i - \bar{R})^2 \cdot \sum_{i=1}^{n} (S_i - \bar{S})^2}}$$

$$= \frac{\sum_{i=1}^{n} R_i \cdot S_i - n \cdot \bar{R} \cdot \bar{S}}{\frac{(n-1) \cdot n \cdot (n+1)}{12}}$$

$$= \frac{12 \cdot \sum_{i=1}^{n} R_i \cdot S_i - 12 \cdot n \cdot \bar{R} \cdot \bar{S}}{(n-1) \cdot n \cdot (n+1)}$$

$$= \frac{12 \cdot \sum_{i=1}^{n} R_i \cdot S_i - 12 \cdot n \cdot \frac{n+1}{2} \cdot \frac{n+1}{2}}{(n-1) \cdot n \cdot (n+1)}$$

$$= \frac{12 \cdot \sum_{i=1}^{n} R_i \cdot S_i - 3 \cdot n \cdot (n+1) \cdot (n+1)}{(n-1) \cdot n \cdot (n+1)}$$

$$= \frac{(-3) \cdot n \cdot (n+1) \cdot (n+1)}{(n-1) \cdot n \cdot (n+1)} + \frac{12 \cdot \sum_{i=1}^{n} R_i \cdot S_i}{(n-1) \cdot n \cdot (n+1)}$$

$$= \frac{n \cdot (n+1) \cdot (-3n-3)}{(n-1) \cdot n \cdot (n+1)} + \frac{12 \cdot \sum_{i=1}^{n} R_i \cdot S_i}{(n-1) \cdot n \cdot (n+1)}$$

$$= \frac{n \cdot (n+1) \cdot (n-1-4n-2)}{(n-1) \cdot n \cdot (n+1)} + \frac{12 \cdot \sum_{i=1}^{n} R_i \cdot S_i}{(n-1) \cdot n \cdot (n+1)}$$

$$= \frac{n \cdot (n+1) \cdot (n-1-2(2n+1))}{(n-1) \cdot n \cdot (n+1)} + \frac{12 \cdot \sum_{i=1}^{n} R_i \cdot S_i}{(n-1) \cdot n \cdot (n+1)}$$

$$= \frac{n \cdot (n+1) \cdot (n-1)}{(n-1) \cdot n \cdot (n+1)} - \frac{2n \cdot (n+1) \cdot (2n+1)}{(n-1) \cdot n \cdot (n+1)}$$

$$+ \frac{12 \cdot \sum_{i=1}^{n} R_i \cdot S_i}{(n-1) \cdot n \cdot (n+1)}$$

$$= 1 - \frac{6\left[\frac{n\cdot(n+1)\cdot(2n+1)}{6} - 2\sum_{i=1}^{n} R_i \cdot S_i + \frac{n\cdot(n+1)\cdot(2n+1)}{6}\right]}{(n-1)\cdot n\cdot(n+1)}$$

$$= 1 - \frac{6\left[(1^2+2^2+\ldots+n^2) - 2\sum_{i=1}^{n} R_i \cdot S_i + (1^2+2^2+\ldots+n^2)\right]}{(n-1)\cdot n\cdot(n+1)}$$

$$= 1 - \frac{6\left[\sum_{i=1}^{n} R_i^2 - 2\sum_{i=1}^{n} R_i \cdot S_i + \sum_{i=1}^{n} S_i^2\right]}{(n-1)\cdot n\cdot(n+1)}$$

$$= 1 - \frac{6\left[\sum_{i=1}^{n} R_i^2 - 2R_i \cdot S_i + S_i^2\right]}{(n-1)\cdot n\cdot(n+1)}$$

$$= 1 - \frac{6\cdot\sum_{i=1}^{n} (R_i - S_i)^2}{(n-1)\cdot n\cdot(n+1)}$$

Um auch im Fall einer nominalen Skala ein Beziehungsmaß bestimmen zu können, erstellen wir eine Hilfsgröße $\tilde{n}_{ij}$. Die Größe **Chi-Quadrat** ergibt sich als Differenz der theoretischen Größe $\tilde{n}_{ij}$ und der tatsächlich beobachteten Anzahl n_{ij}:

Definition

Seien X und Y diskrete, nominalskalierte statistische Variablen mit den unterschiedlichen Realisationen x_i (i = 1, 2, ..., k) bzw. y_j (j = 1, 2, ..., m).

Sei ferner

$$\tilde{n}_{ij} := \frac{n_{i.} \cdot n_{.j}}{n}.$$

Dann wird die Größe

$$\chi^2 := \sum_{i=1}^{k} \sum_{j=1}^{m} \frac{(n_{ij} - \tilde{n}_{ij})^2}{\tilde{n}_{ij}}$$

als **Chi-Quadrat** bezeichnet.

Als Kontingenzkoeffizienten betrachten wir dann:

$$K := \sqrt{\frac{\chi^2}{\chi^2 + n}}.$$

Sei ferner

$$M := \min\{k, m\}$$

und

$$K_{max} := \sqrt{\frac{M-1}{M}}.$$

Wir erhalten den **normierten** bzw. **korrigierten Kontingenzkoeffizienten** durch:

$$K^* = \frac{K}{K_{max}}$$

Bemerkung

Folgender Zusammenhang ist durch den normierten Kontingenzkoeffizienten zu erkennen:

0	perfekt (vollständig) unabhängig
0 - 0,4	schwacher Zusammenhang
0,4 - 0,7	mittlerer Zusammenhang
0,7 - 1	starker Zusammenhang
1	perfekt (vollständig) abhängig

Wir wollen an dieser Stelle auf eine verstärkt anzutreffende Fehldeutung der Korrelationskoeffizienten eingehen. Sehr oft ist die folgende Argumentation zu hören: "Als Korrelationskoeffizienten haben wir eine Zahl errechnet, die nahe bei 1 liegt, also gibt es einen **kausalen** Zusammenhang zwischen beiden beobachteten Phänomenen." Ein Beispiel, das diese Argumentation ad absurdum führt, ist das folgende: In Schleswig-Holstein wurden sowohl steigende Kindergeburtszahlen als auch ein Zuwachs an Störchen gemessen. Ein Zusammenhang zwischen diesen beiden Beobachtungen ist bei dem jetzigen Stand der Wissenschaft sicherlich zu bezweifeln.

Somit ist ein Korrelationskoeffizient nur eine Zahl, die angibt, ob zwei Meßreihen einen linearen Zusammenhang besitzen.

Zum Abschluß dieses Abschnittes soll die folgende Tabelle zur Verdeutlichung dienen, wann welcher Koeffizient verwendet werden darf bzw. sinnvoll ist:

X \ Y	nominal	ordinal	kardinal
nominal	Kontingenz-koeffizient	→	
ordinal	↓	Spearman	→
kardinal		↓	Bravais-Pearson

3. Clusteranalyse

Die Datenanalyse (**Numerische Taxonomie, Multivariatenanalyse**), als Teilgebiet der Statistik, hat sich zur Aufgabe gemacht, die Elemente einer bestimmten vorgegebenen Ausgangsmenge auf Ähnlichkeitsbeziehungen zu untersuchen. Dies ist dann nötig, wenn eine riesige Menge von Daten durch eine Vielzahl von Merkmalen charakterisiert ist.

Grundsätzlich kann die Multivariatenanalyse in drei große Gebiete aufgeteilt bzw. unterschieden werden:

- Segmentierung

  Die zu untersuchenden Objekte werden aufgrund von Ähnlichkeiten in den bedeutenden bzw. wichtigen Merkmalen zu Klassen zusammengefaßt.

- graphische Aufbereitung

  Im 2- bzw. 3-dimensionalen Raum werden die Objekte dargestellt. Objekte sind umso ähnlicher, je näher sie räumlich zusammenliegen.

- Klassifikation

  Reproduktion einer gegebenen Klassifikation oder Repräsentation mit Hilfe weniger aussagekräftiger Merkmale.

Die drei Gebiete wiederum lassen sich in die folgenden Teilgebiete unterteilen:

- Segmentierung
  - Clusteranalyse
- graphische Aufbereitung
  - MDS
  - Faktorenanalyse

- Korrespondenzanalyse

- Klassifikation
    - Diskriminanzanalyse (einer Klassifikation)
    - Conjoint-Analyse
    - Regressionsanalyse
    - Varianzanalyse

Als Ausgangspunkt der Datenanalyse dient eine **Datenmatrix** oder eine **Distanzmatrix**.

Die Vorgehensweise soll mit dem folgenden Beispiel, das dem Werk Applied Multivariate Methods for Data Analysts von Dallas E. Johnson in Duxbury Press entnommen worden ist, verdeutlicht werden:

Beispiel

Methode des nächsten Nachbarn:

- Starte mit N Mengen (Clustern), wobei jede Menge aus genau einem Punkt besteht.
- Fasse die zwei nächsten Punkte bzgl. der Distanzmatrix zu einer neuen Menge zusammen.
- Definiere die Abstände zwischen dieser neuen Menge und allen anderen übrigen Punkten als Minimum der jeweiligen Abstände zwischen den zwei Punkten und dem jeweils betrachteten anderen Punkt.
- Fahre mit dem Verfahren fort, so daß bei jedem weiteren Schritt die Anzahl der Mengen sich um genau eine reduziert.

Das folgende Beispiel entstammt dem Werk von Dallas E. Johnson (Seite 324 ff) zur Illustration der Methode des **nächsten Nachbarn**.

Beispiel

Die Entfernungen von sechs Punkten ist durch die folgende Matrix gegeben:

	1	**2**	**3**	**4**	**5**	**6**
1		6,2	4,6	6,4	5,2	5,0
2			6,8	4,2	7,2	5,6
3				6,2	0,8	1,4
4					6,2	5,6
5						1,8
6						

Das Ausgangs-Cluster bezeichnen wir mit C_0. Es hat jeden Punkt als Menge bzw. Cluster:

$$C_0 = \{ \{1\}, \{2\}, \{3\}, \{4\}, \{5\}, \{6\} \}$$

Schauen wir unsere Distanz-Matrix genauer an, so erkennen wir, daß die Punkte 3 und 5 den geringsten Abstand haben. Somit erhalten wir in unserem Prozeß das folgende neue Cluster:

$$C_1 = \{ \{1\}, \{2\}, \{3, 5\}, \{4\}, \{6\} \}$$

Wir sind jetzt gezwungen, eine neue Distanz-Matrix zu erstellen, indem wir das jeweilige Minimum bilden:

	1	**2**	**{3, 5}**	**4**	**6**
1		6,2	4,6	6,4	5,0
2			6,8	4,2	5,6
{3, 5}				6,2	1,4
4					5,6
6					

In dieser neuen Matrix erkennt man als geringste Entfernung den Wert 1,4 zwischen dem Punkt 6 und der Menge {3, 5}. Somit erhalten wir als neues Cluster:

$$C_2 = \{ \{1\}, \{2\}, \{3, 5, 6\}, \{4\} \}$$

und erstellen die neue Entfernungs-Matrix:

	1	**2**	**{3, 5, 6}**	**4**
1		6,2	4,6	6,4
2			5,6	4,2
{3, 5, 6}				5,6
4				

Wieder suchen wir den geringsten Abstand und erkennen diesmal als Wert 4,2 zwischen den Punkten 2 und 4. Dies führt zu folgendem Cluster:

$$C_3 = \{ \{1\}, \{2, 4\}, \{3, 5, 6\} \}$$

und zur neuen Distanz-Matrix:

	1	**{2, 4}**	**{3, 5, 6}**
1		6,2	4,6
{2, 4}			5,6
{3, 5, 6}			

Als neue geringste Distanz lesen wir den Wert 4,6 zwischen dem Punkt 1 und dem Cluster {3, 5, 6} ab. Dies führt zu

$$C_4 = \{ \{1, 3, 5, 6\}, \{2, 4\} \}$$

und zur neuen Distanz-Matrix:

	{1, 3, 5, 6}	**{2, 4}**
{1, 3, 5, 6}		5,6
{2, 4}		

VII Simulation

"Sinnloser als Fußball ist nur noch eins: Nachdenken über Fußball."

Martin Walser

1. Einleitung

Immer dann, wenn ein Problem zu komplex ist, um es in einer geschlossenen Form zu lösen, wird die Simulation herangezogen. Durch Experimentieren (Simulieren) wird ein Modell weiter untersucht. Dabei muß deutlich unterschieden werden zwischen Experimentieren und Probieren. Folgen wir der VDI-Richtlinie 3633, so verstehen wir unter einer Simulation:

Simulation

> Simulation ist das Nachbilden eines Systems mit seinen dynamischen Prozessen in ein experimentierfähiges Modell, um zu Erkenntnissen zu gelangen, die auf die Wirklichkeit übertragbar sind.

Als **Experiment** kann man die Untersuchung des Verhaltens eines Systems durch wiederholte Simulationsläufe bei gleichzeitiger systematischer Veränderung der Parameter, die das Modell beschreiben, verstehen. Da in der Regel sehr komplexe Situationen zu untersuchen sind, bedient man sich der EDV. Es gibt mittlerweile eine Vielzahl von **Simulationssprachen**, wobei hier nur einige wenige genannt werden können:

- GASP IV (General Activity Simulation Programms),
- GPSS (General Purpose Simulation System),
- SIMAN (Simulation Analysis language),
- SIMSCRIPT,

- SIMULA (Simulation Language),

- SLAM (Simulation Language Alternative Modelling).

Wie viele andere Techniken und Vorgehensweisen hat die Simulation Vor- und Nachteile. Vergleicht man sie mit analytischen Methoden, so liegt der große Vorteil in der schnellen und einfachen Anwendbarkeit. Bei den Modellannahmen bedarf es nur weniger vereinfachender Annahmen und es gilt eine größere Flexibilität bei der Darstellung der Realität. Ist einmal ein Modell konstruiert, so kann es immer wieder mit unterschiedlichen Parametern benutzt werden.

Allerdings muß klar sein, daß die Simulation keine Optimierungstechnik ist. Es ist in der Regel dann nützlich, wenn Fragen des Typs "Was passiert, wenn" auftauchen. Optimierung ist zwar möglich, in der Regel allerdings ein langsamer Prozess.

Als ein mögliches Anwendungsgebiet der Simulation kann man die Warteschlangentheorie bezeichnen. Im folgenden Abschnitt werden einige Grundtechniken und -vorgehensweisen der Simulation beispielhaft dargestellt. Eine umfangreichere Darstellung der Simulation würde den Rahmen und den Anspruch dieses Buches sprengen.

2. Beispiel

Ein Sportverein plant in einem Stadtteil einen neuen Karten- und Fanartikelshop. In diesem Laden soll eine Person fest angestellt sein, die in der Reihenfolge des Eintreffens jeden Kunden bedient. Die Verkaufsdirektion möchte nun Planungsinformationen über den Laden, insbesondere über die Zahl der Kunden, die Gewinnraten und die verlorengehenden Kunden aufgrund zu langer Warteschlangen gewinnen, um diese Erkenntnisse bei der Konzeption mit einfließen zu lassen.

Wie kann ein solches Modell untersucht werden? Ein mögliches Vorgehen wäre, die Anzahl der eintreffenden Kunden als Poissonverteilt und die Bedienungszeit eines Kunden als exponentialverteilt zu unterstellen. Dann könnten mathematische Modelle zur Untersuchung herangezogen werden.

Wollen wir die erwähnten Verteilungen nicht akzeptieren, so könnte ein weiteres mögliches Vorgehen so aussehen:

1. Schritt:

Wir untersuchen unser Modell in einem 3-Minuten-Intervalltakt, d.h. in einem "Fixed-time-simulation-model".

Im Gegensatz dazu gibt es auch ein "next-event-simulation-model".

2. Schritt:

Aus einer Studie ist bekannt bzw. wird die Wahrscheinlichkeit für das Eintreffen der Kunden folgendermaßen unterstellt (jeweils für eine 3-Minuten-Periode):

Anzahl der eintreffenden Kunden	Wahrscheinlichkeit
0	0,19
1	0,39
2	0,19
3	0,15
4	0,08

Wie ist die Tabelle zu lesen? Mit einer Wahrscheinlichkeit von 0,19 wird (auf eine beliebige 3-Minuten-Periode bezogen) **kein** Kunde, mit einer Wahrscheinlichkeit von 0,39 **ein** Kunde usw. erscheinen.

3. Schritt:

Verkaufsübersichten und Erfahrungen aus anderen Läden zeigen Schwankungen in der Größe der jeweiligen Bestellung eines Kunden bzw. einer Kundin, deren Wahrscheinlichkeit und in der Bearbeitungszeit der jeweiligen Bestellung:

Bestell-menge	**Wahrschein-lichkeit**	**Durchschnittliche Bedienungszeit**	**Durchschnitt-licher Gewinn**
klein	0,39	3 Minuten	1,50 Euro
mittel	0,50	6 Minuten	3,00 Euro
groß	0,11	9 Minuten	6,00 Euro

Wie können wir nun die Zahl der ankommenden Kunden simulieren (immer auf eine beliebige 3-Minuten-Periode bezogen)?

Dazu betrachten wir **Zufallszahlen**. Tabellen mit Zufallszahlen gibt es in verschiedenen Handbüchern, wo über Seiten hinweg lediglich Zufallszahlen aufgeführt sind. Eine mögliche Quelle wäre:

"A Million Random Digits with 100.000 Normal Deviates", New York: Free Press, 1983.

In solchen Tabellen treffen wir etwa in 5er-Blöcken zusammengefaßt die folgenden Zahlen:

63271 59986 71744 51102.

Jede Zahl ist eine zufällige Auswahl aus den Ziffern 0, 1, 2, 3, 4, 5, 6, 7, 8 und 9, wobei jede Ziffer mit der gleichen Wahrscheinlichkeit auftreten kann. Unterstellen wir jetzt, daß wir jeweils eine zweistellige Zahl aus dem Katalog auswählen, so erhalten wir, ausgehend von den oben aufgeführten Zahlen, folgende Zufallszahlen:

63 27 15 99 86 71 74 45 11 02.

Wir können das Eintreffen der Kunden auf folgende Weise simulieren: Ausgehend von der Tatsache, daß mit einer Wahrscheinlichkeit von 0,19 kein Kunde erscheint, bedeuten die Zufallszahlen von 00, 01, 02 bis 18, daß **kein** Kunde eintrifft. Die Zahlen von 19 bis 57 stehen dafür, daß **ein** Kunde erscheint (immer und immer wieder betont: in unserem Beispiel ist alles auf eine 3-Minuten-Periode bezogen), da mit einer Wahrscheinlichkeit von 0,39 ein Kunde eintrifft. Dies läßt sich in folgender Tabelle zusammenfassen:

eintreffende Kunden	**Zufallszahl x**	**Wahrscheinlichkeit**
0	00, 01, ..., 18	0,19
1	19, 20, ..., 57	0,39
2	58, 59, ..., 76	0,19
3	77, 78, ..., 91	0,15
4	92, 93, ..., 99	0,08

Greifen wir auf die 10 Zufallszahlen zurück, so bedeutet dies:

Periode	**Zufallszahl x**	**eintreffende Kunden**
1	63	2
2	27	1
3	15	0
4	99	4
5	86	3
6	71	2
7	74	2
8	45	1
9	11	0
10	02	0

Die sieben Fehler einer Simulation

Falsche bzw. unvollständige Definition des Studienzieles

- Modellierung und Simulation ist stets auf das Problem ausgerichtet und nicht Gegenstand persönlicher Interessen.

Mangelhafte Einbindung der beteiligten Parteien

- ungenügende Informationen während des Projektablaufes
- mangelnde Abstimmungen und Zusammenarbeit
- Bedeutung des Projektes für zu niedrig erachtet, deshalb keine Rückendeckung bzw. Unterstützung bei Problemen

Fehlende Kompetenz

- fehlende Fähigkeiten bei der Fachabteilung
- fehlende Fähigkeiten bei der Modellerstellung
- fehlende Fähigkeiten bei der zuständigen EDV-Abteilung

Unzulässiger Detaillierungsgrad

- Erst nach der Umsetzung des Modells in die Realität können Fehler aufgedeckt werden.

Ungeeignete Simulationssoftware

- Bei der Auswahl der Software wird auf "Experten" vertraut.

Unkorrekte Einschätzung

- Fehler 1. Art:

  Ergebnisse werden als falsch abgelehnt, obwohl sie in Wahrheit korrekt sind.

- Fehler 2. Art

  Ergebnisse werden als korrekt angesehen, obwohl sie in Wahrheit falsch sind.

- Fehler 3. Art

  Die Realität wird nicht korrekt wahrgenommen.

Unzulängliche Darstellung der Resultate

- Auf die Probleme der Modelle sind hinzuweisen.
- Mögliche nicht erwartete Phänomene sind zu erwähnen bzw. darzustellen.
- Auch andere abweichende Meinungen sind zu erwähnen.
- Bei einer Empfehlung sind die möglichen Nachteile aufzulisten.

Die Phasen einer Simulation

Grundsätzlich sind bei einer Simulation die drei Phasen

- Modellbildung
- Umsetzung des Modells bzgl. einer Simulationssoftware
- Testen des Modells

zu unterscheiden.

Dabei ergeben sich folgende Stufen bzgl. der Modellbildung

- konzeptionelles Modell
- logisches Modell
- Computermodell (bzgl. der gewählten Software)

Dabei ist keine Stufe dieses Prozesses normalerweise endgültig abgeschlossen. Immer wieder ergeben sich neue Erkenntnisse, die zu einer ständigen Überarbeitung und Kontrolle der bereits erarbeiteten Ergebnisse führen können, in der Regel auch führen müssen.

sisters of mercy

Oh the sisters of mercy, they are not departed or gone.
They were waiting for me when I thought that I just can't go on.
And they brought me their comfort and later they brought me this song.
Oh I hope you run into them, you who've been travelling so long.
Yes you who must leave everything that you cannot control.
It begins with your family, but soon it comes around to your soul.
Well I've been where you're hanging, I think I can see how you're pinned:
When you're not feeling holy, your loneliness says that you've sinned.

Well they lay down beside me, I made my confession to them.
They touched both my eyes and I touched the dew on their hem.
If your life is a leaf that the seasons tear off and condemn
they will bind you with love that is graceful and green as a stem.

When I left they were sleeping, I hope you run into them soon.
Don't turn on the lights, you can read their address by the moon.
And you won't make me jealous if I hear that they sweetened your night:
We weren't lovers like that and besides it would still be all right,
We weren't lovers like that and besides it would still be all right.

Leonard Cohen

VIII Indextheorie

"Ich habe fertig!"

Giovanni Trapattoni

1. Einleitung

Täglich werden wir mit einer Vielzahl von Indizes konfrontiert und erleben, wie gespannt etwa Änderungen beim DAX[6] oder Dow-Jones-Index[7] beachtet werden:

"Washington streitet heftig über den richtigen Preisindex

Selten sind US-Statistiker in ihrem Selbstverständnis so verletzt worden wie im Januar. Da erhob Notenbankchef Alan Greenspan den Vorwurf, der Verbraucherpreisindex zeigte die tatsächliche Inflation um 0,5 bis 1,5 Punkte zu hoch an. Da von der Inflationsrate die Zahlungen der staatlichen Sozialversicherung abhängen, könnte die Regierung viel Geld sparen, wenn die Inflationsrate tatsächlich niedriger sei: zwischen 50 Mrd. und 150 Mrd. $ in fünf Jahren.

Die Statistiker im Arbeitsministerium, die den Verbraucherpreisindex berechnen, wehren sich natürlich gegen den Verdacht, sie würden die Inflationsrate zu hoch ausweisen. Aber die Argumente der Kritiker leuchten ein: Der Index orientiert sich immer noch an den Preisen von 1982 bis 1984, die gleich 100 gesetzt werden. Danach lag der Index zuletzt bei 150.

Zudem würden Verlagerungen bei den Verbrauchsgewohnheiten ungenügend berücksichtigt. Auch technische Verbesserungen bei Konsumgütern, die ohne Preiserhöhung vorgenommen würden, gingen nicht inflationsmindernd in den Index ein.

Der vom "Bureau of Labor Statistics" benutzte Warenkorb berücksichtigt als größten Block die Aufwendungen für das Wohnen. Sie werden mit 41,2% bewertet. Der nächstgrößte Block sind

6 DAX steht für Deutscher Aktienindex.

7 Charles Henry Dow (1851 - 1902) war Mitinhaber und Geschäftsführer der Firma Dow, Jones & Company.

Nahrungsmittel und Getränke, die 17,4% des Index stellen. Die Kosten der Beförderung (Autos und öffentliche Verkehrsmittel) gehen mit 17,1% in den Korb ein. Die Gesundheitskosten machen 7,3% aus.

Ein allgemeiner Block berücksichtigt mit 7% Kosmetika, Toilettenartikel, Tabakerzeugnisse und Aufwendungen für die Erziehung. Die Kleidung stellt 5,7% in dem Warenkorb, auf die Unterhaltung entfallen 4,3%.

Die Arbeitsstatistiker bewerten ihr eigene Arbeit als gar nicht so schlecht. Sie sehen keinen Anlaß für eine grundlegende Revision von Warenkorb und Berechnungsweise. Greenspan habe wohl ein bißchen übertrieben. Um allenfalls 0,1 oder 0,2 Prozentpunkte ließe sich der Verbraucherpreisindex nach unten korrigieren.

Die Chefin des Büros für Arbeitsstatistiken, Katherine Abraham, gesteht aber ein, daß sie über "keine angemessene Basis" verfügt, um eine Verzerrung der Inflation zu korrigieren. Ihre Behörde habe nicht die Autorität, den festen Warenkorb zu ändern. Das müßten schon die Politiker entscheiden.

Der Sprecher des Repräsentantenhauses, Newt Gingrich, ist da ganz anderer Ansicht. Er nutzte seine neu gewonnene Macht und forderte im Januar vom Arbeitsministerium eine Korrektur des Index. Gingrichs Hintergedanke: Fiele der Index tatsächlich niedriger aus, dann könnte das bei der Beschneidung der Defizite gewaltig helfen. Der Demokrat Sherrod Brown ging Gingrich scharf an: "Die Veränderung des Verbraucherpreisindex ist eine Hintertür zur Senkung der Sozialversicherungsleistungen."

Was die Kritiker des gegenwärtigen Index nicht berücksichtigen: Der Staat würde bei einer Ermäßigung der offiziellen Inflationsrate zwar von Zahlungen aus der Sozialversicherung entlastet. Zugleich aber hätten die Rentenempfänger weniger Kaufkraft."

Aus dem Handelsblatt vom 16. 2. 1995, Seite 9

Das Messen von Preisveränderungen ist mittlerweile eine offizielle Aufgabe in den meisten Ländern. So wird in den U.S.A. in regelmäßigen Abständen der CPI (Consumer Price Index) veröffentlicht. Es war auch die Frage nach Preisveränderungen, die zu den ersten Preisindizes vor mehr als 200 Jahren durch G. R. Carli geführt haben. Dieser verglich Verschiebungen bzgl. Getreide, Wein und Öl für den Zeitraum von 1500 bis 1750.

2. Verhältnis- und Indexzahlen

Eine sehr einfache Form von Maßzahl ist die Verhältniszahl:

Definition

Unter der **Verhältniszahl V** versteht man den Quotienten zweier statistischer Merkmalsausprägungen x und y:

$$V := \frac{x}{y}$$

Allgemein unterscheidet man Verhältniszahlen in **Gliederungszahlen**, **Beziehungszahlen** und **Meßzahlen**.

Bei **Gliederungszahlen** interessiert man sich für das Verhältnis einer Gesamtheit zu einer Teilmenge dieser Gesamtheit. So betrachtet man als Gesamtheit etwa die Studierenden eines Fachbereiches und als Teilmengen die Studierenden mit dem Schwerpunkt Logistik und als weitere Teilmenge die Studierenden mit dem Schwerpunkt Marketing, also:

$$\frac{\text{Studierende des Fachbereiches mit Schwerpunkt Logistik}}{\text{Studierende des Fachbereiches}}$$

$$\frac{\text{Studierende des Fachbereiches mit Schwerpunkt Marketing}}{\text{Studierende des Fachbereiches}}$$

Beziehungszahlen werden von Größen gebildet, die einen gemeinsamen zeitlichen und räumlichen Bezug besitzen, etwa:

$$\frac{\text{Anzahl Fahrräder Hamburg 2002}}{\text{Fläche Hamburg 2002}}$$

$$\frac{\text{Anzahl Fahrräder Hamburg 2002}}{\text{Fahrradkilometer Hamburg 2002}}$$

$$\frac{\text{Anzahl Fahrräder Hamburg 2002}}{\text{Bevölkerung Hamburg 2002}}$$

Weitere typische Beziehungszahlen sind:

$$\text{Arbeitsproduktivität} = \frac{\text{Sozialprodukt}}{\text{Anzahl Erwerbstätige}}$$

$$\text{Umsatzrentabilität} = \frac{\text{Gewinn}}{\text{Umsatz}}$$

$$\text{Kapitalintensität} = \frac{\text{Kapitaleinsatz}}{\text{Arbeitseinsatz}}$$

Setzen wir sachlich gleichartige Größen, die aber entweder zeitlich oder räumlich unterschiedlich abgegrenzt werden, ins Verhältnis, so erhalten wir Wachstumsfaktoren und sprechen von **Meßzahlen**:

$$\frac{\text{Gewinn Blohm \& Voss 2002}}{\text{Gewinn Blohm \& Voss 2001}}$$

$$\frac{\text{Anzahl von Sportvereinen im Umkreis von 10 Kilometern}}{\text{Anzahl von Sportvereinen im Umkreis von 100 Kilometern}}$$

3. Preisindizes

Haben wir uns bei Meßzahlen für den Wachstumsfaktor eines statistischen Merkmals, etwa den Gewinn in einem Unternehmen, interessiert, so beschreiben **Indexzahlen** das Wachstum mehrerer Größen.

Zu diesem Zweck betrachten wir n Güter. Für jedes Gut i betrachten wir zu unterschiedlichen Zeitpunkten t die jeweilige Menge q_{it} und den zu diesem Zeitpunkt gültigen Preis p_{it}. Der Zeitpunkt t = 0 wird als **Basiszeitpunkt** oder als **Basisperiode** bezeichnet. Auf diese Weise erhalten wir eine Reihe von Beobachtungen, die wir auf unterschiedliche Weise zu einer Zahl, der **Indexzahl**, zusammenfassen bzw. aggregieren können.

In diesem und dem nächsten Abschnitt werden wir Indizes kennenlernen, die auf den deutschen Nationalökonomen und Statistiker Ernst Louis Etienne Laspeyres (1834 - 1913) und den deutschen Statistiker Hermann Paasche (1851 - 1922) zurückgehen.

Um den Preisindex nach Laspeyres zu konstruieren, gewichten wir die Preise zum Basiszeitpunkt und die Preise zum Zeitpunkt t mit den jeweiligen Mengen zum Basiszeitpunkt:

Definition

Wir bezeichnen

$$LP(t) := \frac{\sum_{i=1}^{n} q_{i0} \cdot p_{it}}{\sum_{i=1}^{n} q_{i0} \cdot p_{i0}}$$

als **Laspeyres-Preisindex.**

Beim Preisindex nach Paasche werden im Gegensatz zum Preisindex nach Laspeyres die jeweiligen Preise mit den Mengen zum Zeitpunkt t gewichtet:

Definition

Die Vorschrift

$$PP(t) := \frac{\sum_{i=1}^{n} q_{it} \cdot p_{it}}{\sum_{i=1}^{n} q_{it} \cdot p_{i0}}$$

heißt **Paasche-Preisindex.**

Beispiel

Wir betrachten den wöchentlichen Verbrauch (in Kilogramm) einer typischen Familie in den Jahren 1996 und 1997, wobei wir im Warenkorb die Faktoren Brot, Fleisch, Kartoffeln und Käse berücksichtigen:

	Preis pro Kilogramm		**Mengen in Kilogramm**	
Faktor	**1996**	**1997**	**1996**	**1997**
Brot	2,40	2,70	5	5
Fleisch	1,80	1,84	2	2
Kartoffeln	2,24	1,98	1	0,5
Käse	1,02	1,14	4	4,5

Wir berechnen zunächst den Preisindex nach Laspeyres LP(1997):

$$LP(1997) = \frac{5 \cdot 2{,}70 + 2 \cdot 1{,}84 + 1 \cdot 1{,}98 + 4 \cdot 1{,}14}{5 \cdot 2{,}40 + 2 \cdot 1{,}80 + 1 \cdot 2{,}24 + 4 \cdot 1{,}02}$$

$$= \frac{13{,}50 + 3{,}68 + 1{,}98 + 4{,}56}{12{,}00 + 3{,}60 + 2{,}24 + 4{,}08} = \frac{23{,}72}{21{,}92} = 1{,}08$$

Für den Preisindex nach Paasche PP(1997) erhalten wir:

$$PP(1997) = \frac{5 \cdot 2{,}70 + 2 \cdot 1{,}84 + 0{,}5 \cdot 1{,}98 + 4{,}5 \cdot 1{,}14}{5 \cdot 2{,}40 + 2 \cdot 1{,}80 + 0{,}5 \cdot 2{,}24 + 4{,}5 \cdot 1{,}02}$$

$$= \frac{13{,}50 + 3{,}68 + 0{,}99 + 5{,}13}{12{,}00 + 3{,}60 + 1{,}12 + 4{,}59} = \frac{23{,}30}{21{,}31} = 1{,}09$$

4. Mengenindizes

Die Mengenindizes nach Laspeyres und Paasche werden völlig analog zu den jeweiligen Preisindizes gebildet, indem wir die Mengen und Preise vertauschen:

Definition

Die Funktionsvorschrift

$$LM(t) := \frac{\sum_{i=1}^{n} p_{i0} \cdot q_{it}}{\sum_{i=1}^{n} p_{i0} \cdot q_{i0}}$$

heißt **Laspeyres-Mengenindex.**

Definition

Die Funktionsvorschrift

$$PM(t) := \frac{\sum_{i=1}^{n} p_{it} \cdot q_{it}}{\sum_{i=1}^{n} p_{it} \cdot q_{i0}}$$

heißt **Paasche-Mengenindex.**

Wir greifen das bereits im vorangegangenen Abschnitt formulierte Beispiel wieder auf, um die zwei unterschiedlichen Mengenindizes zu berechnen.

Beispiel

Wir betrachten den wöchentlichen Verbrauch (in Kilogramm) einer typischen Familie in den Jahren 1996 und 1997, wobei wir im Warenkorb die Faktoren Brot, Fleisch, Kartoffeln und Käse berücksichtigen:

	Preis pro Kilogramm		Mengen in Kilogramm	
Faktor	**1996**	**1997**	**1996**	**1997**
Brot	2,40	2,70	5	5
Fleisch	1,80	1,84	2	2
Kartoffeln	2,24	1,98	1	0,5
Käse	1,02	1,14	4	4,5

Wir berechnen zunächst den Mengenindex nach Laspeyres LM(1997):

$$\begin{aligned}\text{LM}(1997) &= \frac{5 \cdot 2{,}40 + 2 \cdot 1{,}80 + 0{,}5 \cdot 2{,}24 + 4{,}5 \cdot 1{,}02}{5 \cdot 2{,}40 + 2 \cdot 1{,}80 + 1 \cdot 2{,}24 + 4 \cdot 1{,}02} \\ &= \frac{12{,}00 + 3{,}60 + 1{,}12 + 4{,}59}{12{,}00 + 3{,}60 + 2{,}24 + 4{,}08} \\ &= \frac{21{,}31}{21{,}92} \\ &= 0{,}97\end{aligned}$$

Für den Mengenindex nach Paasche PM(1997) erhalten wir:

$$\begin{aligned}\text{PM}(1997) &= \frac{5 \cdot 2{,}70 + 2 \cdot 1{,}84 + 0{,}5 \cdot 1{,}98 + 4{,}5 \cdot 1{,}14}{5 \cdot 2{,}70 + 2 \cdot 1{,}84 + 1 \cdot 1{,}98 + 4 \cdot 1{,}14} \\ &= \frac{13{,}50 + 3{,}68 + 0{,}99 + 5{,}13}{13{,}50 + 3{,}68 + 1{,}98 + 4{,}56} \\ &= \frac{23{,}30}{23{,}72} \\ &= 0{,}98\end{aligned}$$

Anhang A

Algebraische Grundlagen

Zur Darstellung von quantitativen Zusammenhängen in Verbindung mit ökonomischen Größen wird häufig eine Tabellenform benutzt:

Beispiel 1

Ein Unternehmen stellt zwei Produkte P_1, P_2 aus drei Rohstoffen R_1, R_2 und R_3 her. Für die Produktion einer Mengeneinheit (ME) der Produkte werden Rohstoffmengen verbraucht, und zwar:

4 ME von R_1, 2 ME von R_2 und 3 ME von R_3 für 1 ME von P_1;

2 ME von R_1, 1 ME von R_2 und 4 ME von R_3 für 1 ME von P_2.

Diese Formulierung ist wenig anschaulich, so daß man folgende Darstellung wählt:

Produkt		P_1	P_2
Rohstoffe	R_1	4	2
	R_2	2	1
	R_3	3	4

Eine solche Darstellung ist grundsätzlich immer möglich, unabhängig davon wieviele Produkte und wieviele Rohstoffe betrachtet werden.

Beispiel 2

Eine Firma stellt Sofas und Stühle in den drei Varianten A, B und C her. Das Unternehmen beliefert Warenhäuser in New York, Chicago und Toronto.

Im August hat die Firma 10 Sofas vom Modell A, 12 Sofas vom Modell B, 5 Sofas vom Modell C, 15 Stühle von Modell A, 20 Stühle von Modell B und 8 Stühle von Modell C jedem Warenhaus gesandt.

Aus Sicht eines der Warenhäuser stellt sich der Lieferumfang so dar:

Modell	A	B	C
Sofa	10	12	5
Stuhl	15	20	8

Beispiel 3

Ein in drei verschiedenen Produktionsstätten P_1, P_2 und P_3 hergestelltes Gut soll auf vier Kaufhäuser K_1, K_2, K_3 und K_4 verteilt werden. Die Kosten für den Transport einer Mengeneinheit von jeder Produktionsstätte P_i (i = 1, 2, 3) zu jedem Kaufhaus K_j (j = 1, 2, 3, 4) sind in folgender Tabelle angegeben:

Kaufhaus		K_1	K_2	K_3	K_4
Gut	P_1	12	30	50	10
	P_2	70	33	40	60
	P_3	40	8	70	20

Beispiel 4

In einem landwirtschaftlichen Betrieb besteht aufgrund der Boden- und Klimaverhältnisse die Möglichkeit, drei verschiedene Kulturen K_1, K_2 und K_3 anzubauen. Zum Anbau benötigt man Anbaufläche (R_1), Arbeitskräfte (R_2), Natur- und Kunstdünger (R_3 bzw. R_4).

Die jeweils für den Anbau einer Tonne Saatgut benötigten Mengen dieser Mittel (in geeigneten Mengeneinheiten) lassen sich in Tabellenform darstellen, etwa:

Kultur		K_1	K_2	K_3
Mittel	R_1	2	1	4
	R_2	4	8	10
	R_3	6	0	0
	R_4	0	3	2

Matrizen und Vektoren

In dem folgenden Kapitel werden wir den Begriff der Matrix formal einführen, um daran anschließend Verknüpfungen zu definieren, die auf den ersten Blick offensichtlich die gleichen Eigenschaften wie die Addition oder die Multiplikation bzgl. der reellen Zahlen besitzen. Wir werden allerdings erkennen, daß dies nur bedingt richtig ist, so daß eine Abgrenzung dringend notwendig ist.

Definition

Die Zusammenfassung von $(m \cdot n)$ reellen Zahlen $a_{ij} \in \mathbf{R}$, $i = 1, ..., m$, $j = 1, ..., n$, zu einem rechteckigen $(m \times n)$-Tupel heißt **Matrix**

$$A := \begin{pmatrix} a_{11} & a_{12} & \cdots & a_{1n} \\ a_{21} & a_{22} & \cdots & a_{2n} \\ \vdots & \vdots & \cdots & \vdots \\ a_{m1} & a_{m2} & \cdots & a_{mn} \end{pmatrix} = (a_{ij})$$

Die Matrix besitzt m **Zeilen** und n **Spalten**; ihre **Dimension** ist $(m \times n)$. Man bezeichnet sie auch kurz als $(m \times n)$ - Matrix mit der **Ordnung** $m \times n$. Um die Ordnung darzustellen, schreibt man auch: $A \in \mathbf{R}^{m,n}$.

Für den Fall $m = 1$ sprechen wir von einem **Zeilenvektor**, im Fall $n = 1$ von einem **Spaltenvektor**. Falls $m = n = 1$ gilt, haben wir lediglich eine reelle Zahl, ein **Skalar**.

Besitzt eine Matrix genausoviele Zeilen wie Spalten, so betrachten wir eine **quadratische** Matrix.

Eine **Nullmatrix** 0 besitzt als Elemente nur Nullen:

$$a_{ij} = 0 \text{ für } i = 1, ..., m \text{ und } j = 1, ..., n.$$

Unter der **Einheitsmatrix I** verstehen wir eine quadratische Matrix, d.h. m = n, für die gilt:

$$I = (a_{ij}) = \begin{cases} 1 & \text{, für } i = j \\ 0 & \text{, für } i \neq j \end{cases} \quad \text{mit } i, j = 1, 2, ..., n.$$

Bei einer quadratischen Matrix bilden die Elemente a_{ij} mit i = j die **Diagonale.** Unter einer **oberen** bzw. **unteren Dreiecksmatrix** versteht man eine Matrix, die unterhalb bzw. oberhalb der Diagonalen nur mit Nullen besetzt ist.

Definition

Zwei Matrizen A und B, A, B ∈ $\mathbf{R}^{m,n}$, heißen **gleich** (A = B), falls gilt:

$$a_{ij} = b_{ij} \text{ für } i = 1, ..., m; j = 1, ..., n.$$

Im nächsten Schritt führen wir drei Verknüpfungen für Matrizen ein. Als erstes legen wir fest, wie man Matrizen addiert:

Definition

Addition von Matrizen

Seien zwei Matrizen A und B, A, B ∈ $\mathbf{R}^{m,n}$ gegeben.

Die Summe C = A + B ist eine Matrix mit C ∈ $\mathbf{R}^{m,n}$ und

$$c_{ij} = a_{ij} + b_{ij} \text{ für } i = 1, ..., m; j = 1, ..., n.$$

Für die Addition von Matrizen gelten folgende Regeln:

(1) $A + B = B + A$ **(Kommutativgesetz)**

(2) $(A + B) + C = A + (B + C)$ **(Assoziativgesetz)**

Man beachte, daß nur Matrizen mit gleicher Dimension addiert werden können. Wie können wir die Matrizenaddition ökonomisch interpretieren?

Beispiel

Die Firma "Holz und Stuhl" produziert Stühle und Tische. Es gibt jeweils drei unterschiedliche Tisch- bzw. Stuhlmodelle. Dem Unternehmen sind drei Warenhäuser in Toronto, San Francisco und Chicago angegliedert.

Für den Monat September beschreiben die Matrizen T, S und C die Warenlieferungen in die einzelnen Städte:

$$T = \begin{pmatrix} 45 & 35 & 20 \\ 65 & 40 & 35 \end{pmatrix},$$

$$S = \begin{pmatrix} 30 & 32 & 28 \\ 43 & 47 & 30 \end{pmatrix} \text{ und}$$

$$C = \begin{pmatrix} 22 & 25 & 38 \\ 31 & 34 & 35 \end{pmatrix}.$$

Um zu ermitteln, wieviele Einheiten der einzelnen Modelle im Monat September ausgeliefert wurden, bilden wir:

$$G = T + S + C = \begin{pmatrix} 45 & 35 & 20 \\ 65 & 40 & 35 \end{pmatrix} + \begin{pmatrix} 30 & 32 & 28 \\ 43 & 47 & 30 \end{pmatrix} + \begin{pmatrix} 22 & 25 & 38 \\ 31 & 34 & 35 \end{pmatrix}$$

$$= \begin{pmatrix} 97 & 92 & 86 \\ 139 & 121 & 100 \end{pmatrix}.$$

Die neue Matrix G besagt, daß 97 Tische vom Modell A, 92 Tische vom Modell B usw. versandt wurden.

Definition

Skalarmultiplikation

Sei eine Matrix $A \in \mathbf{R}^{m,n}$ und $\alpha \in \mathbf{R}$ gegeben, dann heißt

$$\alpha A = \begin{pmatrix} \alpha a_{11} & \alpha a_{12} & \dots & \alpha a_{1n} \\ \alpha a_{21} & \alpha a_{22} & \dots & \alpha a_{2n} \\ \vdots & \vdots & \dots & \vdots \\ \alpha a_{m1} & \alpha a_{m2} & \dots & \alpha a_{mn} \end{pmatrix}$$

Skalarmultiplikation von A mit α.

Seien Matrizen A, B $\in \mathbf{R}^{m,n}$ und α, $\beta \in \mathbf{R}$ gegeben. Für die Skalarmultiplikation gelten folgende Regeln:

(1) $\alpha A = A\alpha$

(2) $\beta(\alpha A) = (\beta\alpha)A$

(3) $(\alpha + \beta) A = \alpha A + \beta A$

(4) $\alpha(A + B) = \alpha A + \alpha B$.

Definition

Matrizenmultiplikation

Seien zwei Matrizen $A \in \mathbf{R}^{m,n}$ und $B \in \mathbf{R}^{n,p}$ gegeben.
Dann ist $C = A \cdot B$ mit $C \in \mathbf{R}^{m,p}$ gegeben durch:

$$c_{ij} = \sum_{k=1}^{n} a_{ik} \cdot b_{kj} \quad \text{mit } i = 1, 2, \ldots, m;\ j = 1, 2, \ldots, p.$$

Für die Matrizenmultiplikation gelten folgende Regeln:

(1) $(A \cdot B) \cdot C = A \cdot (B \cdot C)$ **(Assoziativgesetz)**

(2) $A(B + C) = AB + AC$ **(Distributivgesetze)**

(3) $(A + B)C = AC + BC$.

Bemerkungen

(1) Falls $A \cdot B$ definiert ist, ist $B \cdot A$ im allgemeinen nicht definiert; selbst im Sonderfall $n = m = p$ sind $A \cdot B$ und $B \cdot A$ meistens verschieden (d.h. die Matrizenmultiplikation ist im allgemeinen **nicht** kommutativ).

(2) Aus $AB = 0$ folgt in der Regel **nicht**, wie etwa bei den reellen Zahlen

$$A = 0 \text{ oder } B = 0.$$

(3) Ebenso kann man aus $AB = AC$ nicht folgern: $B = C$.

Häufig wird die Matrizenmultiplikation mit dem **Falk Schema** durchgeführt.

Beispiel

Zur Verdeutlichung multiplizieren wir die zwei Matrizen

$$A = \begin{pmatrix} 1 & 2 & 3 \\ 4 & 5 & 6 \end{pmatrix} \text{ und } B = \begin{pmatrix} 4 & 5 \\ 1 & 2 \\ 3 & 6 \end{pmatrix}.$$

Dann ergibt sich mit dem Falk Schema für das Produkt A · B:

A · B	4 1 3	5 2 6
1 2 3 4 5 6	1·4 + 2·1 + 3·3 4·4 + 5·1 + 6·3	1·5 + 2·2 + 3·6 4·5 + 5·2 + 6·6

also:

A · B	4 1 3	5 2 6
1 2 3 4 5 6	15 39	27 66

Wir erhalten als Produkt

$$A \cdot B = \begin{pmatrix} 15 & 27 \\ 39 & 66 \end{pmatrix}.$$

Als Merkregel gilt für die Matrizenmultiplikation **Zeile mal Spalte**.

Beispiel

Eine Firma produziert drei Modelle A, B und C eines Produktes an den Standorten San Francisco, Chicago und Toronto. Matrix W beschreibt diesen Zusammenhang:

$$W = \begin{pmatrix} 10 & 7 & 3 \\ 5 & 9 & 6 \\ 4 & 8 & 2 \end{pmatrix} \begin{matrix} \text{Toronto} \\ \text{Chicago} \\ \text{San Francisco} \end{matrix} \quad \text{(Spalten: A, B, C)} .$$

Modell A kostet 800,- DM, Modell B 1.000,- DM und Modell C 1.200,- DM.
Wir wollen ermitteln, wie groß der Wert (T) der Ware ist, die in Toronto lagert:

$$T = 10 \cdot 800,- + 7 \cdot 1.000,- + 3 \cdot 1.200,- = 8.000,- + 7.000,- + 3.600,- = 18.600,-$$

Für die Städte Chicago und San Francisco erhalten wir die Werte C und S:

$$C = 5 \cdot 800,- + 9 \cdot 1.000,- + 6 \cdot 1.200,- = 4.000,- + 9.000,- + 7.200,- = 20.200,-$$

$$S = 4 \cdot 800,- + 8 \cdot 1.000,- + 2 \cdot 1.200,- = 3.200,- + 8.000,- + 2.400,- = 13.600,-$$

Wesentlich kürzer erhalten wir die gesuchten Werte durch folgende Matrizenmultiplikation:

$$\begin{pmatrix} 10 & 7 & 3 \\ 5 & 9 & 6 \\ 4 & 8 & 2 \end{pmatrix} \cdot \begin{pmatrix} 800 \\ 1.000 \\ 1.200 \end{pmatrix} = \begin{pmatrix} 18.600 \\ 20.200 \\ 13.600 \end{pmatrix}$$

Wir definieren zwei weitere Begriffe, um auf systematische Weise Matrizen zu erhalten, die in speziellem Bezug zu einer Ausgangsmatrix A stehen:

Definition

Sei eine Matrix $A \in \mathbf{R}^{m,n}$ gegeben. Dann heißt die Matrix $B \in \mathbf{R}^{n,m}$ die **transponierte** Matrix zu A, falls gilt:

$$b_{ji} = a_{ij} \quad \text{für } i = 1, 2, ..., m; j = 1, 2, ..., n.$$

Die transponierte Matrix wird mit A' oder A^t bezeichnet.

Alle Elemente werden an der Hauptdiagonalen gespiegelt: Die Zeilen werden zu Spalten, die Spalten zu Zeilen.

Beispiel

Sei A eine Matrix mit

$$A = \begin{pmatrix} 3 & 4 & 5 & 6 \\ 1 & 2 & 4 & 5 \end{pmatrix}.$$

Dann ist die zu A transponierte Matrix

$$A' = \begin{pmatrix} 3 & 1 \\ 4 & 2 \\ 5 & 4 \\ 6 & 5 \end{pmatrix}.$$

Wir erinnern ein weiteres Mal an die Menge der reellen Zahlen. Zu jeder reellen Zahl gibt es eine weitere reelle Zahl derart, daß das Produkt dieser zwei Zahlen die Zahl 1, das neutrale Element, ergibt.

Betrachten wir etwa die Zahl 7, so gilt:

$$7 \cdot \frac{1}{7} = 1.$$

Übertragen wir die Situation auf die Menge der Matrizen, so lautet die Frage: Gibt es zu jeder Matrix A eine weitere Matrix A^{-1} mit:

$$A \cdot A^{-1} = I,$$

wobei I die Einheitsmatrix ist bzw. das neutrale Element bzgl. der Matrizenmultiplikation?

Wir werden erkennen, daß die Begriffe sich nur bedingt übertragen lassen und wir uns deshalb immer bewußt machen müssen, welche Art der Verknüpfung innerhalb welcher Menge wir meinen.

Definition

Wir betrachten eine quadratische Matrix A.

Wir nennen, falls existent, die Matrix A^{-1} die **Inverse** zur Matrix A, falls gilt:

$$A \cdot A^{-1} = I = A^{-1} \cdot A \,.$$

Gibt es zur Matrix A keine Inverse, so heißt die Matrix A **singulär**. Ansonsten wird die Matrix A als **nichtsingulär** bzw. **regulär** bezeichnet.

Gibt es zu einer Matrix A die Inverse A^{-1}, so bezeichnet man A als **invertierbar**.

Beispiel

1) Wir suchen zur Matrix

$$A = \begin{pmatrix} 1 & 2 \\ 3 & 4 \end{pmatrix}$$

die inverse Matrix und erhalten:

$$A^{-1} = \begin{pmatrix} -2 & 1 \\ 1{,}5 & -0{,}5 \end{pmatrix}.$$

2) Gibt es auch zur Matrix $B = \begin{pmatrix} 1 & 0 \\ 1 & 0 \end{pmatrix}$ eine inverse Matrix?

Kann es zu dieser Matrix B eine Inverse

$$B^{-1} = \begin{pmatrix} a & b \\ c & d \end{pmatrix}$$

geben, wobei a, b, c und d reelle Zahlen sind?

Es müßte gelten:

$$B \cdot B^{-1} = \begin{pmatrix} 1 & 0 \\ 1 & 0 \end{pmatrix} \cdot \begin{pmatrix} a & b \\ c & d \end{pmatrix} = \begin{pmatrix} 1 & 0 \\ 0 & 1 \end{pmatrix}.$$

Um a, b, c und d zu bestimmen, erhalten wir folgende Gleichungen:

$$a = 1 \text{ und } a = 0$$

bzw.

$$b = 0 \text{ und } b = 1.$$

Dies ist aber ein Widerspruch, da eine Zahl nicht gleichzeitig die Werte 1 und 0 annehmen kann. Somit gibt es zur Matrix B keine Inverse.

Wie sind wir im Fall 1) auf die Inverse gestoßen? An dieser Stelle muß die Konstruktion der Inversen wie ein Griff in die Black Box anmuten. An einer späteren Stelle werden wir noch einmal auf diese Frage eingehen.

Aus der Schule sollte der Begriff des Vektors bekannt sein. Vektoren sind, wie wir zu Beginn des Kapitels bemerkten, Matrizen mit einer Zeile, bzw. mit einer Spalte. Für die weitere Betrachtung wollen wir uns auf die Spaltenschreibweise einigen und Vektoren mit kleinen Buchstaben bezeichnen. Offensichtlich werden Vektoren analog zu den Matrizen addiert. Wie aber multipliziert man zwei Vektoren?

Definition

Seien zwei Vektoren $a \in \mathbf{R}^n$ und $b \in \mathbf{R}^n$ gegeben. Mit a' bzw. b' bezeichnen wir die zu a bzw. b transponierten Vektoren.

Unter dem **Vektorprodukt** bzw. **inneren Produkt zweier Vektoren** verstehen wir:

$$a' \cdot b = b' \cdot a = \sum_{i=1}^{n} a_i \cdot b_i \; .$$

Das Vektorprodukt zweier Vektoren ist eine reelle Zahl.

Beispiel

Wir suchen für die Vektoren

$$a = \begin{pmatrix} 1 \\ 2 \\ 3 \end{pmatrix} \text{ und } b = \begin{pmatrix} 5 \\ 6 \\ 8 \end{pmatrix}$$

das Vektorprodukt.

Es gilt:

$$a' \cdot b = \begin{pmatrix} 1 & 2 & 3 \end{pmatrix} \cdot \begin{pmatrix} 5 \\ 6 \\ 8 \end{pmatrix} = 41.$$

Häufig interessieren wir uns für die "Länge" eines Vektors. Mit Hilfe des Vektorproduktes können wir formulieren:

Definition

Sei ein Vektor $a \in \mathbf{R}^n$ gegeben.

Unter der **euklidischen Norm $|\ |$** des Vektors a verstehen wir:

$$|a| = \sqrt{\sum_{i=1}^{n} (a_i)^2} = \sqrt{a' \cdot a}\,.$$

Beispiel

Wir interessieren uns für die Norm der Vektoren:

$$a = \begin{pmatrix} 4 \\ 3 \end{pmatrix}, b = \begin{pmatrix} 1 \\ 2 \\ 3 \end{pmatrix} \text{ und } c = \begin{pmatrix} 5 \\ 6 \\ 8 \end{pmatrix}.$$

$$|a| = \sqrt{4^2 + 3^2} = \sqrt{16 + 9} = 5$$

$$|b| = \sqrt{1^2 + 2^2 + 3^2} = \sqrt{1 + 4 + 9} = \sqrt{14}$$

$$|c| = \sqrt{5^2 + 6^2 + 8^2} = \sqrt{25 + 36 + 64} = \sqrt{125} = 5\sqrt{5}$$

Die Norm eines Vektors hat einige wichtige Eigenschaften, die wir im folgenden Satz zusammenfassen:

Satz

Seien zwei Vektoren $a \in \mathbf{R}^n$ und $b \in \mathbf{R}^n$ gegeben und sei ferner α eine reelle Zahl. Dann gilt:

(1) $|a| \geq 0$,

(2) $|a| = 0 \Leftrightarrow a = 0$,

(3) $|a| = |-a|$,

(4) $|\alpha a| = |\alpha|\,|a|$,

(5) $|a+b| \leq |a| + |b|$.

Nicht nur die Menge der reellen Zahlen und die Menge der (m,n)-Matrizen lassen zwei Operationen wie die jeweilige Addition und Multiplikation zu. Deshalb wird der Begriff des **Vektorraums** eingeführt, um diesen Zusammenhang allgemein zu beschreiben. In einem ersten Schritt definieren wir den Begriff der **Gruppe**:

Definition

Es sei V eine Menge, die mit einer Verknüpfung versehen ist, die im weiteren als Addition beschrieben wird. Die Menge V heißt **abelsche (bzw. kommutative) Gruppe**, wenn die folgenden Eigenschaften für beliebige Elemente a, b und c aus V erfüllt sind:

1) $a + b = b + a$

2) $(a + b) + c = a + (b + c)$

3) Es gibt ein neutrales Element 0, d.h. es gilt:

$$a + 0 = a$$

4) Zu jedem Element a gibt es ein inverses Element (-a) mit:

$$a + (-a) = 0\,.$$

Definition

Sei V eine abelsche Gruppe. Zwischen den reellen Zahlen und den Elementen aus V wird eine Verknüpfung eingeführt, die wir als **Multiplikation** bezeichnen wollen.

V heißt **Vektorraum**, wenn für alle reellen Zahlen x, y und beliebige Elemente a und b aus V gilt:

1) $(x + y) \cdot a = x \cdot a + y \cdot a$,

2) $x \cdot (a + b) = x \cdot a + x \cdot b$,

3) $(x \cdot y) \cdot a = x \cdot (y \cdot a)$,

4) $1 \cdot a = a$.

Beispiele für Vektorräume

1) Die Menge der reellen Zahlen mit den üblichen Operationen Addition und Multiplikation bilden einen Vektorraum.

2) Die Menge der Matrizen mit der Matrixaddition und der Skalarmultiplikation als Verknüpfung bilden einen Vektorraum.

Die Eigenschaft des Vektorraums ist sehr schwach. So wird die Existenz einer Inversen nicht vorausgesetzt.

Definition

Sei U eine nichtleere Teilmenge eines Vektorraums V.

U heißt **Unterraum** von V, falls für alle $x, y \in U$ und $\alpha \in \mathbf{R}$ die folgenden zwei **Abgeschlossenheitseigenschaften** gelten:

(1) $x \in U$ und $y \in U \Rightarrow (x + y) \in U$,

(2) $x \in U$ und $\alpha \in \mathbf{R} \Rightarrow (\alpha x) \in U$.

Offensichtlich ist jeder Unterraum ein Vektorraum.

Linearkombination von Vektoren

Definition

Für i = 1, 2, ..., n seien λ_i reelle Zahlen und x_i Vektoren gleicher Dimension. Dann heißt

$$x := \sum_{i=1}^{n} \lambda_i \cdot x_i$$

Linearkombination der Vektoren x_i.

Beispiel

Sei n = 3 und $x_1 = \begin{pmatrix} 1 \\ 2 \\ 3 \end{pmatrix}$, $x_2 = \begin{pmatrix} 4 \\ 5 \\ 6 \end{pmatrix}$ und $x_3 = \begin{pmatrix} 5 \\ 4 \\ 3 \end{pmatrix}$.

Sei $\lambda_1 = 1$, $\lambda_2 = 4$ und $\lambda_3 = 12$.

Wir erhalten als Linearkombination:

$$x = 1 \cdot \begin{pmatrix} 1 \\ 2 \\ 3 \end{pmatrix} + 4 \cdot \begin{pmatrix} 4 \\ 5 \\ 6 \end{pmatrix} + 12 \cdot \begin{pmatrix} 5 \\ 4 \\ 3 \end{pmatrix} = \begin{pmatrix} 77 \\ 70 \\ 63 \end{pmatrix}.$$

Definition

Seien $v_1, v_2, ..., v_n$ Vektoren der Dimension m und $\lambda_1, \lambda_2, ..., \lambda_n$ reelle Zahlen.

Die Menge der Vektoren v_i (i = 1, 2, ..., n) heißt **linear unabhängig**, falls aus der Darstellung

$$\sum_{i=1}^{n} \lambda_i \cdot v_i = 0$$

folgt:

$$\lambda_i = 0 \qquad \text{für } i = 1, 2, ..., n.$$

Die letzte Zeile bedeutet, daß für **alle** λ_i gelten muß: $\lambda_i = 0$.

Beispiel

Sind die Vektoren

$$v_1 = \begin{pmatrix} 1 \\ 0 \\ 0 \end{pmatrix}, v_2 = \begin{pmatrix} 0 \\ 1 \\ 0 \end{pmatrix}, v_3 = \begin{pmatrix} 0 \\ 0 \\ 1 \end{pmatrix}, v_4 = \begin{pmatrix} 1 \\ 1 \\ 1 \end{pmatrix}$$

linear unabhängig?

v_1 und v_2 sind linear unabhängig, da aus

$$\lambda_1 v_1 + \lambda_2 v_2 = \lambda_1 \begin{pmatrix} 1 \\ 0 \\ 0 \end{pmatrix} + \lambda_2 \begin{pmatrix} 0 \\ 1 \\ 0 \end{pmatrix} = \begin{pmatrix} 0 \\ 0 \\ 0 \end{pmatrix}$$

folgt:

$$\lambda_1 = \lambda_2 = 0 .$$

Auch v_1, v_2 und v_3 sind linear unabhängig, da gilt:

$$\lambda_1 v_1 + \lambda_2 v_2 + \lambda_3 v_3 = \lambda_1 \begin{pmatrix} 1 \\ 0 \\ 0 \end{pmatrix} + \lambda_2 \begin{pmatrix} 0 \\ 1 \\ 0 \end{pmatrix} + \lambda_3 \begin{pmatrix} 0 \\ 0 \\ 1 \end{pmatrix} = \begin{pmatrix} 0 \\ 0 \\ 0 \end{pmatrix}$$

und somit:

$$\lambda_1 = \lambda_2 = \lambda_3 = 0 .$$

Allerdings sind v_1, v_2, v_3 und v_4 **nicht** linear unabhängig, denn aus der Darstellung:

$$\lambda_1 v_1 + \lambda_2 v_2 + \lambda_3 v_3 + \lambda_4 v_4$$

$$= \lambda_1 \begin{pmatrix} 1 \\ 0 \\ 0 \end{pmatrix} + \lambda_2 \begin{pmatrix} 0 \\ 1 \\ 0 \end{pmatrix} + \lambda_3 \begin{pmatrix} 0 \\ 0 \\ 1 \end{pmatrix} + \lambda_4 \begin{pmatrix} 1 \\ 1 \\ 1 \end{pmatrix} = \begin{pmatrix} 0 \\ 0 \\ 0 \end{pmatrix}$$

folgt:

$$\lambda_4 = -\lambda_1 = -\lambda_2 = -\lambda_3.$$

Ist es nun möglich, einen beliebigen Vektor als Linearkombination von n weiteren Vektoren zu schreiben? In der Regel wird dies nicht gelingen, es sei denn, die n Vektoren bilden eine Basis:

Definition

Eine Menge von n unabhängigen Vektoren $x_i \in \mathbf{R}^n$ wird als **Basis** bezeichnet.

Determinante einer Matrix

Im weiteren Verlauf dieses Kapitels versuchen wir, lineare Gleichungssysteme zu lösen. Ohne bereits zu wissen, was wir unter einem linearen Gleichungssystem verstehen wollen, definieren wir eine Kenngröße einer Matrix, die uns von großer Hilfe bei der Lösung dieses Problems sein wird.

Definition

Sei A eine (n × n) - Matrix. Dann heißt

$$| A | = \sum_{i=1}^{n} (-1)^{i+j} \cdot a_{ij} \cdot | A_{ij} | \text{ für beliebiges aber festes } j$$

die **Determinante von A.**

Dabei entsteht die Matrix A_{ij} aus A durch Streichen der i-ten Zeile und j-ten Spalte. Statt | A | schreibt man auch det A. Man sagt, daß die Matrix A nach der j-ten Spalte entwickelt wird.

Sei a eine reelle Zahl. Die Determinante der (1 × 1) - Matrix A = (a) ist a, d.h. es gilt:

$$| A | = a .$$

Anmerkungen

1) Man beachte, daß Determinanten nur für quadratische Matrizen definiert worden sind.

2) Es könnte bei der eben vorgestellten Definition der Eindruck entstehen, daß man den Begriff der Determinante durch sich selbst erklärt.

   Dies ist natürlich nicht der Fall, denn man beachte, daß die Matrix A_{ij} eine (n - 1) × (n - 1) - Matrix ist.

3) Die von uns gewählte Definition wird in der Literatur als **Laplacescher Zerlegungssatz** oder **Entwicklungssatz von Laplace** bezeichnet.

4) In der obigen Definition haben wir die Determinante nach der j-ten Spalte entwickelt, indem wir j beliebig aber fest gewählt haben.

Ebenso können wir nach der i-ten Zeile entwickeln. Dazu müssen wir i beliebig aber fest wählen.

5) Geschickterweise entwickelt man nach der Zeile bzw. der Spalte der Matrix, die die meisten Nullen enthält.

Beispiel

1) Für die Matrix

$$A = \begin{pmatrix} 1 & 2 \\ 3 & 4 \end{pmatrix}$$

bestimmen wir die Determinante, wobei einmal nach der 1. Zeile und einmal nach der 2. Spalte entwickelt wird.

Entwicklung nach der 1. Zeile ergibt:

$$|\,A\,| = (-1)^{1+1} \cdot 1 \cdot 4 + (-1)^{1+2} \cdot 2 \cdot 3 = 4 - 6 = -2\,.$$

Bei Entwicklung nach der 2. Spalte folgt:

$$|\,A\,| = (-1)^{1+2} \cdot 2 \cdot 3 + (-1)^{2+2} \cdot 4 \cdot 1 = -6 + 4 = -2\,.$$

2) Für die Matrix

$$B = \begin{pmatrix} 1 & 2 & 3 \\ 4 & 5 & 6 \\ 7 & 8 & 9 \end{pmatrix}$$

ergibt sich durch Entwicklung nach der 1. Zeile :

$$|\,B\,| = (-1)^{1+1} \cdot 1 \cdot \begin{vmatrix} 5 & 6 \\ 8 & 9 \end{vmatrix} + (-1)^{1+2} \cdot 2 \cdot \begin{vmatrix} 4 & 6 \\ 7 & 9 \end{vmatrix} + (-1)^{1+3} \cdot 3 \cdot \begin{vmatrix} 4 & 5 \\ 7 & 8 \end{vmatrix}$$

$$= (45 - 48) - 2 \cdot (36 - 42) + 3 \cdot (32 - 35)$$

$$= 45 - 48 - 72 + 84 + 96 - 105$$

$$= 0.$$

Folgende nützliche Aussage bzgl. der Inversen einer Matrix läßt sich über die Determinante treffen:

Satz

Sei A eine quadratische Matrix.

A ist **nicht** invertierbar genau dann, wenn gilt

$$| A | = 0.$$

Satz

Seien A und B quadratische Matrizen. Dann gilt:

$$| A \cdot B | = | A | \cdot | B | .$$

Lineare Gleichungssysteme

Definition

Ein **lineares Gleichungssystem** ist durch m Gleichungen und n Unbekannte gegeben. Es wird allgemein in der Form geschrieben:

$$\begin{array}{ccccccccc} a_{11}x_1 & + & a_{12}x_2 & + & \ldots & + & a_{1n}x_n & = & b_1 \\ a_{21}x_1 & + & a_{22}x_2 & + & \ldots & + & a_{2n}x_n & = & b_2 \\ a_{31}x_1 & + & a_{32}x_2 & + & \ldots & + & a_{3n}x_n & = & b_3 \\ \ldots & & \ldots & & & & \ldots & & \ldots \\ \ldots & & \ldots & & & & \ldots & & \ldots \\ a_{m1}x_1 & + & a_{m2}x_2 & + & \ldots & + & a_{mn}x_n & = & b_m \end{array}$$

In dieser Darstellung sind x_i (i = 1, 2, ..., n) die zu bestimmenden Größen und a_{ij} (i = 1, 2, ..., m; j = 1, 2, ..., n) reelle Zahlen, die sogenannten **Koeffizienten** des Gleichungssystems.

Die reellen Zahlen b_i (i = 1, 2, ..., m) werden als **absolute Glieder** bzw. durch ihre Lage bedingt als **rechte Seite** bezeichnet.

Das Gleichungssystem heißt **homogen**, falls für alle b_i (i = 1, 2, ..., m) gilt:

$$b_i = 0.$$

Offensichtlich hat ein homogenes Gleichungssystem immer die triviale Lösung:

$$x_1 = x_2 = x_3 = \ldots = x_n = 0.$$

Was hat dieses System von Gleichungen und Unbekannten mit unserem Begriff der Matrix zu tun? Wir betrachten folgende Größen:

$$A = \begin{pmatrix} a_{11} & a_{12} & \ldots & a_{1n} \\ a_{21} & a_{22} & \ldots & a_{2n} \\ \ldots & \ldots & \ldots & \ldots \\ a_{m1} & a_{m2} & \ldots & a_{mn} \end{pmatrix}, x = \begin{pmatrix} x_1 \\ x_2 \\ \ldots \\ x_n \end{pmatrix} \text{ und } b = \begin{pmatrix} b_1 \\ b_2 \\ \ldots \\ b_m \end{pmatrix}.$$

Dann ist obiges Gleichungssystem, wie man sich sofort klar macht, auch in der Form schreibbar:

$$Ax = b.$$

Offensichtlich ist die **Lösungsmenge** dieses Gleichungssystems von der Matrix A und dem Vektor b abhängig. Also betrachten wir die **erweitere Matrix** (A, b), die aus A durch Hinzufügen des Vektors b entsteht:

$$(A, b) = \begin{pmatrix} a_{11} & a_{12} & \dots & a_{1n} & b_1 \\ a_{21} & a_{22} & \dots & a_{2n} & b_2 \\ \dots & \dots & \dots & \dots & \dots \\ a_{m1} & a_{m2} & \dots & a_{mn} & b_m \end{pmatrix}$$

Eine Form des Gleichungssystems, die sogenannte **kanonische Form**, aus der die Lösbarkeit und die Lösung unmittelbar ablesbar sind, hat folgendes Aussehen:

$$\begin{array}{llllllllll}
x_1 & & & & & + & a'_{1,r+1}x_{r+1} & + & a'_{1n}x_n & = & b'_1 \\
 & x_2 & & & & & & + & a'_{2n}x_n & = & b'_2 \\
 & & x_3 & & & & & + & a'_{3n}x_n & = & b'_3 \\
 & & & \dots & & & & & \dots\dots & = & \dots \\
 & & & \dots & & & & & \dots & = & \dots \\
 & & & & x_r & + & a'_{r,r+1}x_{r+1} & + & a'_{rn}x_n & = & b'_r \\
 & & & & & & & & 0 & = & 0 \\
 & & & & & & & & \dots & = & \dots \\
 & & & & & & & & 0 & = & 0
\end{array}$$

Dies entspricht in Matrixschreibweise einer Matrix der Form (A^*, b^*) mit:

$$
(A^*, b^*) = \begin{pmatrix}
1 & 0 & 0 & \cdots & a'_{1,r+1} & \cdots & a'_{1,n} & b'_1 \\
0 & 1 & 0 & \cdots & a'_{2,r+1} & \cdots & a'_{2,n} & b'_2 \\
0 & 0 & 1 & \cdots & \cdots & \cdots & \cdots & \cdots \\
\cdots & \cdots & \cdots & \cdots & \cdots & \cdots & \cdots & \cdots \\
0 & 0 & \cdots & 1 & a'_{r,r+1} & \cdots & a'_{rn} & b'_r \\
0 & 0 & 0 & 0 & 0 & 0 & 0 & 0 \\
0 & 0 & 0 & 0 & 0 & 0 & 0 & 0
\end{pmatrix}
$$

Definition

Wir betrachten eine $(m \times n)$ - Matrix A. Die folgenden Umformungen heißen **elementare Umformungen** bzw. **Transformationen**:

(a) Vertauschen zweier Zeilen,

(b) Multiplikation einer Zeile mit einer reellen Zahl λ,

(c) Addition einer Zeile zu einer anderen Zeile.

Wichtig für unser weiteres Vorgehen ist, daß wir durch elementare Umformungen die Lösungsmenge eines Gleichungssystems nicht verändern. Dies ist aber gesichert, denn es gilt:

Satz

Elementare Umformungen lassen die Lösung eines linearen Gleichungssystems unverändert.

Eine weitere systematische Methode zur Lösung eines linearen Gleichungssystems geht auf Carl Friedrich Gauß[8] (1777 - 1855) und Camille Jordan (1842 - 1899) zurück.

8 Gauß wurde in Brunswick, Deutschland geboren und starb als Professor der Mathematik in Göttingen. Zu den zahlreichen Gebieten, in denen Gauß Arbeiten veröffentlichte, gehören die Zahlentheorie, die Algebra, die Geometrie und die Astronomie.

Ziel der **Gauß-Jordan-Methode** ist, durch elementare Zeilenumformungen eine Matrix der Form zu erhalten, die auf der Diagonalen mit Einsen und darüber und darunter mit Nullen besetzt ist.

Beispiel

Wir suchen für das folgende Gleichungssystem alle möglichen Lösungen:

$$\begin{array}{rcrcrcr} 2x_1 & + & 3x_2 & + & 4x_3 & = & 20 \\ 3x_1 & + & 4x_2 & + & 6x_3 & = & 29 \\ 1x_1 & + & 5x_2 & + & 7x_3 & = & 32 \\ 7x_1 & + & 8x_2 & + & 6x_3 & = & 41 \end{array}$$

In Matrixschreibweise ergibt dies:

$$(A, b) = \begin{pmatrix} 2 & 3 & 4 & 20 \\ 3 & 4 & 6 & 29 \\ 1 & 5 & 7 & 32 \\ 7 & 8 & 6 & 41 \end{pmatrix}$$

Um die von uns angestrebte Form zu erhalten, führen wir einige elementare Umformungen durch. Wir dividieren die erste Gleichung durch 2 und erhalten:

$$\begin{array}{rrrr} 1 & 1{,}5 & 2 & 10 \\ 3 & 4 & 6 & 29 \\ 1 & 5 & 7 & 32 \\ 7 & 8 & 6 & 41 \end{array}$$

In einem zweiten Schritt führen wir folgende drei Operationen gleichzeitig durch: Wir subtrahieren
das 3-fache der 1. Gleichung von Gleichung 2,
die 1. Gleichung von Gleichung 3 und als letztes
das 7-fache der 1. Gleichung von Gleichung 4:

$$\begin{array}{rrrr} 1 & 1{,}5 & 2 & 10 \\ 0 & -0{,}5 & 0 & -1 \\ 0 & 3{,}5 & 5 & 22 \\ 0 & -2{,}5 & -8 & -29 \end{array}$$

In einem weiteren Schritt multiplizieren wir die 2. Gleichung mit (-2):

1	1,5	2	10
0	1	0	2
0	3,5	5	22
0	-2,5	-8	-29

Wir subtrahieren

das 1,5-fache der 2. Gleichung von Gleichung 1,
das 3,5-fache der 2. Gleichung von Gleichung 3

und addieren

das 2,5-fache der 2. Gleichung zu Gleichung 4:

1	0	2	7
0	1	0	2
0	0	5	15
0	0	-8	-24

Wir dividieren die 3. Gleichung durch 5 und die 4. Gleichung durch (-8):

1	0	2	7
0	1	0	2
0	0	1	3
0	0	1	3

In einem letzten Schritt subtrahieren wir
die 3. Gleichung von der 4. Gleichung und
das 2-fache der 3. Gleichung von der 1. Gleichung:

1	0	0	1
0	1	0	2
0	0	1	3
0	0	0	0

Wir haben die von uns angestrebte Form erreicht und können unmittelbar die Lösung des Gleichungssystems ablesen:

$$x_1 = 1, x_2 = 2 \text{ und } x_3 = 3.$$

Beispiel

Wir untersuchen das Gleichungssystem:

$$\begin{array}{rcrcr} 3x_1 & + & 4x_2 & = & 25 \\ 1x_1 & + & 1x_2 & = & 7 \\ 6x_1 & + & 2x_2 & = & 26 \end{array}$$

auf mögliche Lösungen.

In Matrixschreibweise ergibt dies

$$(A, b) = \begin{pmatrix} 3 & 4 & 25 \\ 1 & 1 & 7 \\ 6 & 2 & 26 \end{pmatrix}.$$

In einem ersten Schritt dividieren wir die erste Gleichung durch 3 und die 3. Gleichung durch 6:

$$\begin{array}{ccc} 1 & \frac{4}{3} & \frac{25}{3} \\ 1 & 1 & 7 \\ 1 & \frac{2}{6} & \frac{26}{6} \end{array}$$

Wir subtrahieren die 1. Gleichung von der 2. und von der 3. Gleichung:

$$\begin{array}{ccc} 1 & \frac{4}{3} & \frac{25}{3} \\ 0 & -\frac{1}{3} & -\frac{4}{3} \\ 0 & -1 & -\frac{24}{6} \end{array}$$

Wir multiplizieren die 2. Gleichung mit dem Faktor (-3) und die 3. Gleichung mit (-1):

$$\begin{array}{ccc} 1 & \frac{4}{3} & \frac{25}{3} \\ 0 & 1 & 4 \\ 0 & 1 & 4 \end{array}$$

Subtraktion der 2. Gleichung von Gleichung 3 ergibt:

$$\begin{matrix} 1 & \frac{4}{3} & \frac{25}{3} \\ 0 & 1 & 4 \\ 0 & 0 & 0 \end{matrix}$$

In einem letzten Schritt subtrahieren wir das $\frac{4}{3}$-fache der 2. Gleichung von Gleichung 1 und erhalten die von uns gewünschte Form:

$$\begin{matrix} 1 & 0 & 3 \\ 0 & 1 & 4 \\ 0 & 0 & 0 \end{matrix}$$

Als Lösung erhalten wir $x_1 = 3$ und $x_2 = 4$.

Beispiel

Wir betrachten das Gleichungssystem:

$$\begin{aligned} 3x_1 &+ 4x_2 &= 27 \\ 4x_1 &+ 6x_2 &= 38 \end{aligned}$$

In Matrixschreibweise ergibt dies:

$$(A, b) = \begin{pmatrix} 3 & 4 & 27 \\ 4 & 6 & 38 \end{pmatrix}.$$

In einem ersten Schritt dividieren wir die erste Gleichung durch 3 und die 2. Gleichung durch 4:

$$\begin{matrix} 1 & \frac{4}{3} & 9 \\ 1 & \frac{3}{2} & \frac{19}{2} \end{matrix}$$

Wir subtrahieren die 1. Gleichung von der 2. Gleichung:

$$\begin{matrix} 1 & \frac{4}{3} & 9 \\ 0 & \frac{1}{6} & \frac{1}{2} \end{matrix}$$

Wir multiplizieren die 2. Gleichung mit dem Faktor 6 und in einem zweiten Schritt subtrahieren wir das $\frac{4}{3}$-fache der 2. Zeile von der 1. Zeile:

$$\begin{matrix} 1 & 0 & 5 \\ 0 & 1 & 3 \end{matrix}$$

Als Lösung erhalten wir: $x_1 = 5$ und $x_2 = 3$.

Beispiel

Wir betrachten das Gleichungssystem:

$$\begin{matrix} 2x_1 & + & 4x_2 & = & 22 \\ 8x_1 & + & 1x_2 & = & 28 \\ 7x_1 & + & 6x_2 & = & 53 \end{matrix}$$

In Matrixschreibweise ergibt dies:

$$(A, b) = \begin{pmatrix} 2 & 4 & 22 \\ 8 & 1 & 28 \\ 7 & 6 & 53 \end{pmatrix}$$

In einem ersten Schritt dividieren wir die erste Gleichung durch 2:

$$\begin{matrix} 1 & 2 & 11 \\ 8 & 1 & 28 \\ 7 & 6 & 53 \end{matrix}$$

Anschließend subtrahieren wir das 8-fache bzw. das 7-fache der 1. Gleichung von Gleichung 2 bzw. von Gleichung 3:

$$\begin{matrix} 1 & 2 & 11 \\ 0 & -15 & -60 \\ 0 & -8 & -24 \end{matrix}$$

Dividieren wir die 2. Gleichung durch (-15) und die 3. Gleichung durch (-8), so ergibt sich folgender Widerspruch:

$$\begin{matrix} 1 & 2 & 11 \\ 0 & 1 & 4 \\ 0 & 1 & 3 \end{matrix}$$

Warum ist dies ein Widerspruch? Wir betrachten die zweite und dritte Zeile und leiten daraus für unser Gleichungssystem her, daß einmal $x_2 = 4$ und im zweiten Fall $x_2 = 3$ gelten soll. Dies ist aber nicht gleichzeitig möglich, also erhalten wir die leere Menge als Lösungsmenge:

$$L = \{\,\}.$$

Zum Abschluß erinnern wir uns an den Begriff der Determinante, um die Lösung eines Gleichungssystems zu charakterisieren.

Satz

Ein homogenes Gleichungssystem der Form $Ax = 0$ mit n Gleichungen und n Unbekannten hat eine nicht triviale Lösung genau dann, wenn für die Matrix A gilt:

$$|A| = 0.$$

Beispiel

Wir betrachten das Gleichungssystem:

$$\begin{matrix} 2x_1 & + & 4x_2 & = & 0 \\ 8x_1 & + & 1x_2 & = & 0 \end{matrix}$$

In Matrixschreibweise ergibt dies:

$$(A, b) = \begin{pmatrix} 2 & 4 & 0 \\ 8 & 1 & 0 \end{pmatrix}.$$

Für die Matrix A gilt:

$$|A| = \begin{vmatrix} 2 & 4 \\ 8 & 1 \end{vmatrix} = 2 - 32 = -30 \neq 0,$$

also gibt es lediglich die triviale Lösung.

Zur Bestätigung wird das Gleichungssystem elementar umgeformt:
In einem ersten Schritt dividieren wir die 1. Gleichung durch 2:

$$\begin{matrix} 1 & 2 & 0 \\ 8 & 1 & 0 \end{matrix}$$

Anschließend subtrahieren wir das 8-fache der 1. Gleichung von Gleichung 2:

$$\begin{matrix} 1 & 2 & 0 \\ 0 & -15 & 0 \end{matrix}$$

Teilen der 2. Gleichung durch (-15) ergibt:

$$\begin{matrix} 1 & 2 & 0 \\ 0 & 1 & 0 \end{matrix}$$

Wir erhalten als Lösung:

$$x_2 = 0 \text{ und } x_1 = 0.$$

Beispiel

Wir betrachten das Gleichungssystem:

$$\begin{matrix} 2x_1 & + & 4x_2 & = & 0 \\ 4x_1 & + & 8x_2 & = & 0 \end{matrix}$$

In Matrixschreibweise ergibt dies:

$$(A, b) = \begin{pmatrix} 2 & 4 & 0 \\ 4 & 8 & 0 \end{pmatrix}.$$

Für die Matrix A gilt:

$$|A| = \begin{vmatrix} 2 & 4 \\ 4 & 8 \end{vmatrix} = 16 - 16 = 0,$$

also gibt es eine nicht triviale Lösung.

In einem ersten Schritt dividieren wir die 1. Gleichung durch 2:

$$\begin{matrix} 1 & 2 & 0 \\ 4 & 8 & 0 \end{matrix}$$

Anschließend subtrahieren wir das 4-fache der 1. Gleichung von Gleichung 2:

$$\begin{matrix} 1 & 2 & 0 \\ 0 & 0 & 0 \end{matrix}$$

Somit gilt:

$$\mathbf{L} = \{ (x_1, x_2) \in \mathbf{R}^2 \mid x_1 = -2x_2 \}.$$

Hey, that's no way to say goodbye

I loved you in the morning, our kisses deep and warm,
your hair upon the pillow like a sleepy golden storm,
yes, many loved before us, I know that we are not new,
in city and in forest they smiled like me and you,
but now it's come to distances and both of us must try,
your eyes are soft with sorrow,

Hey, that's no way to say goodbye.
I'm not looking for another as I wander in my time,
walk me to the corner, our steps will always rhyme
you know my love goes with you as your love stays with me,
it's just the way it changes, like the shoreline and the sea,
but let's not talk of love or chains and things we can't untie,
your eyes are soft with sorrow,
Hey, that's no way to say goodbye.

I loved you in the morning, our kisses deep and warm,
your hair upon the pillow like a sleepy golden storm,
yes many loved before us, I know that we are not new,
in city and in forest they smiled like me and you,
but let's not talk of love or chains and things we can't untie,
your eyes are soft with sorrow,
Hey, that's no way to say goodbye.

Leonard Cohen

Verteilungen

In der deskriptiven Statistik werden die empirischen Verteilungsfunktionen genutzt, um zu beschreiben, wieviele der Beobachtungen einen gewissen Wert nicht überschritten haben. Betrachten wir Wahrscheinlichkeiten, so stellt sich die Frage, wieviele Ereignisse voraussichtlich unter einem vorgegebenen Wert bleiben werden. Im Gegensatz zur deskriptiven Statistik ist dies eine rein theoretische Größe, die aus Erfahrungswerten und Überlegungen abgeleitet wurde.

Zufallsvariable und Verteilungsfunktionen

In der Regel ist man nur bedingt an den Ereignissen eines Zufallsexperimentes interessiert. Beim Würfeln erscheint etwa eine Seite mit einem, zwei oder sechs Punkten. Interessant für uns ist die Bedeutung, die sich mit den verschiedenen Augenzahlen verbindet. So kann je nach Spielanweisung eine Augenzahl "sechs" bedeuten:

- Gewinn von 6,- DM,
- Verlust von 6,- DM,
- Verlust von 600,- DM.

Eine Zufallsvariable folgt genau dieser Überlegung, indem sie jedem Ereignis eine Zahl zuordnet. Sehr häufig geschieht dies auf ganz unmittelbare Weise:

- Einkommen im nächsten Jahr,
- Temperatur des folgenden Tages,
- Wartezeit beim nächsten Restaurantbesuch,
- Zuwachs bzw. Abnahme beim DAX.

Definition

Wir betrachten einen Wahrscheinlichkeitsraum $(\Omega, \mathbf{A}, P)$.
Eine Funktion $X: \Omega \rightarrow \mathbf{R}$ heißt **Zufallsvariable**, wenn für jede reelle Zahl x die Menge $\{\omega \in \Omega \mid X(\omega) < x\}$ Element des Ereignissystems $\mathbf{A}$ ist.

Liest man die Definition aufmerksam, so fällt auf, daß man von einer Variablen, der Zufallsvariablen, spricht, aber gleichzeitig diese Variable als Funktion bezeichnet. Selbstverständlich ist dieser Einwurf korrekt, man muß deshalb erwähnen, daß dieser Begriff historisch gewachsen ist und man primär die unterschiedlichen Werte, die diese Funktion annehmen kann, gesehen hat.

Beispiel

Wir betrachten ein Kartenspiel mit den Farben Kreuz, Pik, Herz und Karo.

Um festzulegen, wer als erster Spieler die Karten zu mischen hat, wird willkürlich eine Karte aus dem Stapel gezogen. Jeder einzelnen Farbe wird ein Wert zugeordnet: Kreuz erhält den Wert 12, Pik den Wert 11, Herz den Wert 10, Karo den Wert 9. Wer den höchsten Kartenwert gezogen hat, hat zu mischen. Auf diese Weise erhalten wir:

$$\Omega = \{ ♣, ♠, ♥, ♦ \}$$

$$X(♣) = 12, X(♠) = 11, X(♥) = 10, X(♦) = 9.$$

Folgende Definitionen werden unsere Sprech- und Schreibweise verkürzen:

Definition

Wir betrachten einen Wahrscheinlichkeitsraum (Ω, A, P) .
Dann definieren wir:

$$\{X = x\} := \{\omega \in \Omega \mid X(\omega) = x\}$$

$$\{X < x\} := \{\omega \in \Omega \mid X(\omega) < x\}$$

$$\{X \neq x\} := \{\omega \in \Omega \mid X(\omega) \neq x\}$$

$$\{x_1 < X < x_2\} := \{\omega \in \Omega \mid x_1 < X(\omega) < x_2\}$$

$$P(X = x) := P(\{\omega \in \Omega \mid X(\omega) = x\})$$

$$P(X < x) := P(\{\omega \in \Omega \mid X(\omega) < x\})$$

$$P(X \neq x) := P(\{\omega \in \Omega \mid X(\omega) \neq x\})$$

$$P(x_1 < X < x_2) := P(\{\omega \in \Omega \mid x_1 < X(\omega) < x_2\})$$

Bislang wurde jedem Ereignis eine Wahrscheinlichkeit zugeordnet. Wie aber verteilt sich die Wahrscheinlichkeit über alle möglichen Ereignisse?

Definition

Sei X eine Zufallsvariable auf dem Wahrscheinlichkeitsraum (Ω, A, P).

Die Funktion

$$F: \mathbf{R} \to [0,1]$$

mit

$$F(x) := P(X \leq x)$$

heißt **Verteilungsfunktion (Verteilung)** der Zufallsvariablen X.

Beispiel

Für das oben eingeführte Beispiel gilt:

$$F(x) = P(X \leq x) = \begin{cases} 0 & , \quad x < 9 \\ \frac{1}{4} & , 9 \leq x < 10 \\ \dots & , \dots \\ 1 & , \quad x \geq 12 \end{cases}$$

$$= \begin{cases} 0 & , x \in (-\infty, 9) \\ \frac{1}{4} & , x \in [9, 10) \\ \dots & , \dots \\ 1 & , x \in [12, +\infty) \end{cases}$$

Folgende Eigenschaften gelten für die Verteilungsfunktion F einer Zufallsvariablen X:

Satz

- Die Bildpunkte der Funktion F liegen im Einheitsintervall [0,1] :

$$0 \leq F(x) \leq 1 \text{ für jede reelle Zahl } x.$$

- Die Funktion F ist monoton steigend:

$$x_1 < x_2 \Rightarrow F(x_1) \leq F(x_2).$$

- Seien x_1 und x_2 reelle Zahlen mit $x_1 < x_2$, dann gilt:

$$P(x_1 < X \leq x_2) = F(x_2) - F(x_1).$$

- Für jede reelle Zahl x gilt:

$$1 - F(x) = P(x < X).$$

Diskrete und Stetige Zufallsvariablen

Ähnlich wie bei Merkmalen in der deskriptiven Statistik werden auch Zufallsvariablen in diskrete und stetige unterschieden. Dazu müssen wir uns erinnern, was es heißt, daß eine Menge abzählbar ist.

Abzählbar unendlich - Überabzählbar unendlich

Vergleichen wir die Menge der reellen und natürlichen Zahlen, so ist offensichtlich, daß beide Mengen aus unendlich vielen Elementen bestehen. Aber es gibt einen gravierenden Unterschied. Während wir die natürlichen Zahlen elementar abzählen können, wird uns dies bei der Menge der reellen Zahlen nicht gelingen. Dementsprechend wird zur Unterscheidung bei Mengen wie den natürlichen Zahlen von **abzählbar unendlich** gesprochen. Im Gegensatz dazu bezeichnet man Mengen wie die reellen Zahlen als **überabzählbar unendlich.**

Wir sind jetzt in der Lage, eine diskrete Zufallsvariable zu definieren.

Definition

Eine Zufallsvariable X heißt **diskret**, wenn der Bildbereich der Funktion X eine endliche oder abzählbar unendliche Menge ist.

Die Funktion

$$f\colon \mathbf{R} \to [0,1]$$

mit

$$f(x) := P(X = x)$$

heißt **Wahrscheinlichkeitsfunktion** von X.

Die Verbindung zwischen Wahrscheinlichkeitsfunktion f und Verteilungsfunktion F einer diskreten Zufallsvariablen verdeutlicht folgender Satz:

Satz

Sei F die Verteilungsfunktion und f die Wahrscheinlichkeitsfunktion einer diskreten Zufallsvariablen X.

Für jede beliebige reelle Zahl x und die Realisierungen $x_1, x_2, \ldots, x_i, \ldots$ gilt:

- $F(x) = \sum_{x_i \leq x} f(x_i)$,
- $\sum f(x_i) = 1$,
- $F(x_i) - F(x_{i-1}) = f(x_i)$,
- $F(x_i) = P(X \leq x_i) = P(X < x_i) + P(X = x_i)$

  $= F(x_{i-1}) + P(X = x_i)$.

Definition

Eine Zufallsvariable X heißt **stetig**, falls es eine integrierbare Funktion

$$f: \mathbf{R} \rightarrow \mathbf{R}$$

gibt, so daß die Verteilungsfunktion F für jede reelle Zahl x dargestellt werden kann in der Form:

$$F(x) = \int_{-\infty}^{x} f(t)\, dt .$$

Die Funktion f heißt **Dichte (Dichtefunktion)** der Zufallsvariablen X.

Für eine stetige Zufallsvariable gelten die folgenden Eigenschaften:

Satz

Sei X eine stetige Zufallsvariable mit der Verteilungsfunktion F und der Dichte f.

Es gilt:

- $P(X = x) = 0$ für jede reelle Zahl x

- Seien x' und x'' reelle Zahlen mit $x' < x''$. Dann erhalten wir:

$$\begin{aligned} & P(x' < X \le x'') \\ & = P(x' \le X \le x'') \\ & = P(x' \le X < x'') \\ & = P(x' < X < x'') \\ & = F(x'') - F(x') \\ & = \int_{x'}^{x''} f(t)\, dt \end{aligned}$$

- $\int_{-\infty}^{\infty} f(t)\, dt = 1.$

Spezielle Verteilungen

Nachdem wir festgelegt haben, was wir allgemein unter einer Verteilung verstehen wollen, werden auf den nächsten Seiten einige spezielle diskrete und stetige Zufallsvariablen X vorgestellt, die aufgrund ihrer Bedeutung eigene Namen erhalten haben.

Die Binomial-Verteilung und die Bernoulli-Verteilung

Wir betrachten ein Ereignis A, das in einem Zufallsexperiment mit der Wahrscheinlichkeit p eintreten kann: P(A) = p. Dieses Experiment wird n-mal wiederholt. Keine Wiederholung beeinflußt eine andere Durchführung des Experimentes. Die Zufallsvariable X beschreibe die Anzahl der Durchführungen, bei denen das Ereignis A eintritt.

Definition

Sei n eine natürliche Zahl und p eine reelle Zahl aus dem Intervall [0, 1].

Eine Zufallsvariable X mit der Wahrscheinlichkeitsfunktion

$$f\colon \mathbf{R} \to [0,1]$$

mit

$$f(x) = \begin{cases} \binom{n}{x} \cdot p^x \cdot (1-p)^{n-x} & , x \in \{0, 1, \ldots, n\} \\ 0 & , \text{sonst} \end{cases}$$

heißt **binomialverteilt**, und wir schreiben kurz: $X \approx B(n;p)$.

Für n = 3 und p = 0,5 ergibt sich rechnerisch

x	0	1	2	3
f(x)	0,125	0,375	0,375	0,125

graphisch:

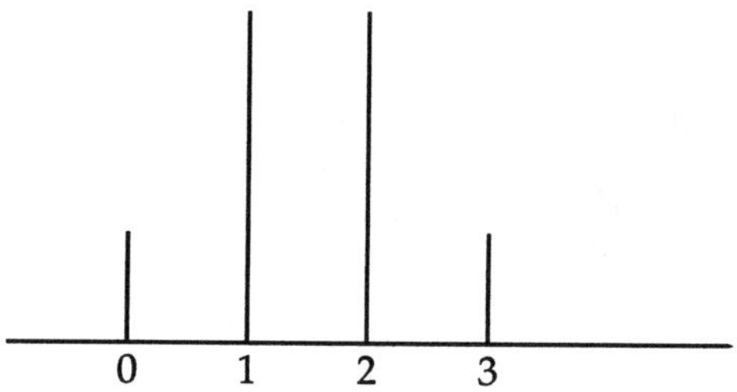

Für n = 4 und p = 0,5 erhalten wir:

x	0	1	2	3	4
f(x)	0,0625	0,25	0,375	0,25	0,0625

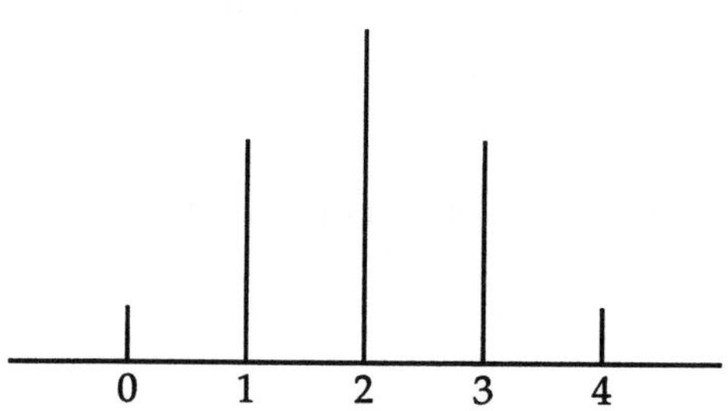

Für den Fall, daß das Experiment nicht allgemein n-mal wiederholt, sondern nur ein einziges Mal durchgeführt wird, d.h. n = 1, erhalten wir:

$$f(0) \quad = \binom{1}{0} \cdot p^0 \cdot (1-p)^{1-0}$$

$$= 1 - p$$

bzw.

$$f(1) \quad = \binom{1}{1} \cdot p^1 \cdot (1-p)^{1-1}$$

$$= p$$

Definition

Eine Zufallsvariable X mit der Wahrscheinlichkeitsfunktion f: **R** → [0, 1] mit

$$f(x) = \begin{cases} 1-p & , x = 0 \\ p & , x = 1 \\ 0 & , \text{sonst} \end{cases}$$

heißt **Bernoulli-verteilt** und wir schreiben kurz: $X \approx B(1;p)$.

In der Regel werden wir die verschiedenen Werte der Binomial-Verteilung in einer Tabelle nachschlagen. In vielen Formelsammlungen werden aber nur Werte für $p \leq 0{,}50$ aufgeführt. Sind diese Darstellungen für Fragestellungen mit Werten, die echt größer als 0,50 sind, unbrauchbar? Der folgende Satz gibt uns die Grundlage und Erklärung, warum viele Tabellen sinnvollerweise verkürzt aufgeführt werden.

Satz

Ist die Zufallsvariable X binomialverteilt mit $X \approx B(n;p)$, so gilt für die neue Zufallsvariable (n - X):

$$(n - X) \approx B(n; 1 - p).$$

Beispiel

60% der Angestellten eines Unternehmens sind Frauen. Für eine Befragung soll eine Stichprobe von 10 Personen ausgewählt werden, wobei jede Person wieder ausgewählt werden kann.
Wie groß ist die Wahrscheinlichkeit, daß höchstens 4 Frauen ausgewählt werden?

Lösung
Sei X: die Anzahl der Frauen unter 10 ausgewählten Personen. Dann ist gesucht:

$$P(X \leq 4).$$

Es gilt:

$$X \approx B(n = 10; p = 0{,}60).$$

Da wir den Wert $p = 0{,}60$ in vielen Tabellen nicht finden, erinnern wir uns an den obigen Satz und und betrachten $(n - X)$.

In unserem Fall gilt mit $n = 10$:

$$n - X = 10 - X \approx B(n = 10; p = 1 - 0{,}60 = 0{,}40).$$

Für unsere Frage ergibt sich:

$$\begin{aligned} P(X \leq 4) &= P(-X \geq -4) = P(10 - X \geq 10 - 4) \\ &= P(10 - X \geq 6) \\ &= 0{,}1115 + 0{,}0425 + 0{,}0106 + 0{,}0016 + 0{,}0001 \\ &= 0{,}1663. \end{aligned}$$

Die gleichmäßig diskrete Verteilung

Wir untersuchen ein Experiment, in dem es endlich viele Realisierungen 1, 2, ..., n gibt und in dem jede Realisation mit der gleichen Wahrscheinlichkeit eintreten kann.

Sei dann die Zufallsvariable X der mögliche Ausgang i (i = 1, 2, ..., n).

Ein mögliches Beispiel ist ein fairer Würfel mit den Augenzahlen 1, 2, 3, 4, 5 und 6.

Jede Augenzahl tritt mit der Wahrscheinlichkeit $\frac{1}{6}$ ein.

Definition

Sei n eine natürliche Zahl. Wir betrachten eine diskrete Zufallsvariable X mit den Realisierungen $x_1, x_2, ..., x_n$.

Jede Realisierung x_i (i = 1, 2, ..., n) trifft mit der gleichen Wahrscheinlichkeit $\frac{1}{n}$ ein.

Eine Zufallsvariable X mit der Wahrscheinlichkeitsfunktion

$$f: \mathbf{R} \rightarrow [0, 1]$$

mit

$$f(x) = \begin{cases} \frac{1}{n} & , x = x_1, x_2, ..., x_n \\ 0 & , \text{sonst} \end{cases}$$

heißt **gleichmäßig (uniform-) verteilt**, kurz $X \approx GD(n)$

Für

$$n = 6$$

und die Punkte

$$x_1 = 1, x_2 = 2, x_3 = 3, x_4 = 4, x_5 = 5, x_6 = 6$$

ergibt sich:

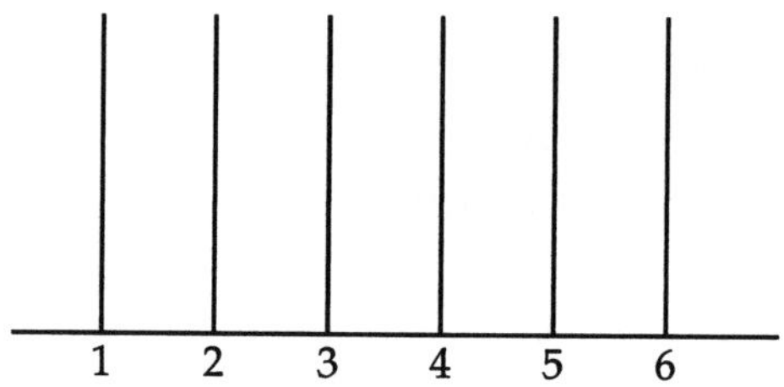

Für

$$n = 4$$

und die Punkte

$$x_1 = 1, x_2 = 2, x_3 = 3, x_4 = 4$$

erhalten wir:

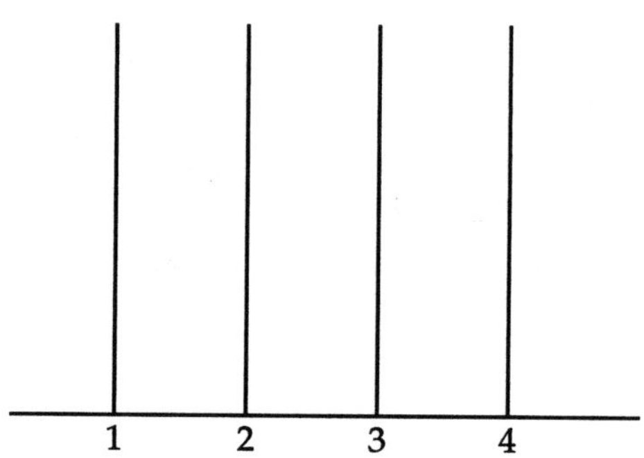

Die geometrische Verteilung

Es wird ein Zufallsexperiment betrachtet, das so lange wiederholt wird, bis zum ersten Mal der Hauptgewinn (oder die Niete) gezogen wird. Dieses Experiment kann etwa Russisch-Roulette sein, wo so lange die Trommel eines Revolvers, die mit genau einer Kugel geladen ist, gedreht und abgefeuert wird, bis das Geschoß abgefeuert wurde. (Es bleibt dem Leser überlassen zu entscheiden, ob dieses Ereignis dann der Niete oder dem Hauptgewinn entspricht.) Die Zufallsvariable X steht für die Anzahl der Versuche bis zum ersten Hauptgewinn (bzw. Niete).

Definition

Sei p eine reelle Zahl aus dem Einheitsintervall [0,1].

Eine Zufallsvariable X mit der Wahrscheinlichkeitsfunktion

$$f\colon \mathbf{R} \to [0,1]$$

mit

$$f(x) = \begin{cases} (1-p)\cdot p^{x} & , x = 0, 1, 2, 3, \ldots \\ 0 & , \text{sonst} \end{cases}$$

heißt **geometrisch verteilt**, kurz $X \approx NB(1,p)$.

Mit $q = (1 - p)$ ergibt sich:

$$f(x) = \begin{cases} q\cdot (1-q)^{x} & , x = 0, 1, 2, 3, \ldots \\ 0 & , \text{sonst} \end{cases}$$

Beispiel

In einer Trommel liegen zehn Lose, wobei fünf Lose Gewinne und fünf Lose Nieten sind. Wir ziehen solange, bis wir einen Gewinn in Händen halten, wobei die Lose nicht zurückgelegt werden:

$$f(0) = 0{,}5 \cdot 1 = 0{,}5$$

$$f(1) = 0{,}5 \cdot 0{,}5 = 0{,}25$$

$$f(2) = 0{,}5 \cdot 0{,}25 = 0{,}125$$

Die hypergeometrische Verteilung

Wir haben eine Grundgesamtheit von N Elementen. Wir unterscheiden diese Elemente nach einer Eigenschaft E. M Elemente besitzen diese Eigenschaft E und somit N - M Elemente nicht. Aus der Grundgesamtheit werden nun n Elemente **ohne Zurücklegen** ausgewählt. Die Zufallsvariable X steht für die Anzahl der Elemente mit der Eigenschaft E unter den n gezogenen Elementen.

Definition

Seien N, M und n natürliche Zahlen mit $n, M \leq N$.

Eine Zufallsvariable X mit der Wahrscheinlichkeitsfunktion

$$f: \mathbf{R} \rightarrow [0,1]$$

mit

$$f(x) = \begin{cases} \dfrac{\binom{M}{x} \cdot \binom{N-M}{n-x}}{\binom{N}{n}} & , x = 0, 1, 2, \ldots, \min\{n, M\} \\ 0 & , \text{sonst} \end{cases}$$

heißt **hypergeometrisch verteilt**, kurz $X \approx H(N, M, n)$.

Beispiel

Wir haben eine Trommel mit 5 Kugeln, wobei 3 Kugeln rot und 2 Kugeln grün sind. Wir ziehen 2 Kugeln ohne Zurücklegen und fragen nach der Wahrscheinlichkeit, daß wir keine (eine) rote Kugel gezogen haben.

Auf unsere Notation bezogen gilt:

$$N = 5, M = 3 \text{ und } n = 2.$$

und wir suchen

$$f(0) = \frac{\binom{M}{0}\cdot\binom{N-M}{n-0}}{\binom{N}{n}} = \frac{\binom{3}{0}\cdot\binom{5-3}{2-0}}{\binom{5}{2}} = \frac{\binom{3}{0}\cdot\binom{2}{2}}{\binom{5}{2}}$$

$$= \frac{\frac{3!}{0!\cdot 3!}\cdot\frac{2!}{2!\cdot 0!}}{\frac{5!}{2!\cdot 3!}} = \frac{1\cdot 1}{\frac{1\cdot 2\cdot 3\cdot 4\cdot 5}{1\cdot 2\cdot 1\cdot 2\cdot 3}} = \frac{1}{2\cdot 5}$$

$$= \frac{1}{10} = 0{,}1$$

$$f(1) = \frac{\binom{M}{1}\cdot\binom{N-M}{n-1}}{\binom{N}{n}}$$

$$= \frac{\binom{3}{1}\cdot\binom{5-3}{2-1}}{\binom{5}{2}} = \frac{\binom{3}{1}\cdot\binom{2}{1}}{\binom{5}{2}}$$

$$= \frac{\frac{3!}{1!\cdot 2!}\cdot\frac{2!}{1!\cdot 1!}}{\frac{5!}{2!\cdot 3!}} = \frac{3\cdot 2}{\frac{3\cdot 4\cdot 5}{2\cdot 3}}$$

$$= \frac{6}{10} = 0{,}6$$

Wir erhalten mit einer Wahrscheinlichkeit von 0,1 (0,6) keine (eine) rote Kugel unter den zwei gezogenen.

Beispiel

Eine Schiffsladung besteht aus 40 Geräten, von denen fünf ausgesucht und auf ihre Funktionsfähigkeit untersucht werden. In der Regel sind 10% der Geräte fehlerhaft.

Wie groß ist die Wahrscheinlichkeit, daß unter den fünf ausgesuchten Geräten genau ein fehlerhaftes (kein fehlerhaftes) Gerät ist?

Aus den Angaben ergibt sich:

$$N = 40,$$

$$M = 4 \text{ (10\% der Grundgesamtheit)}$$

und

$$n = 5.$$

Dies führt zu:

$$f(0) = \frac{\binom{M}{0} \cdot \binom{N-M}{n-0}}{\binom{N}{n}} = \frac{\binom{4}{0} \cdot \binom{40-4}{5-0}}{\binom{40}{5}} = \frac{\binom{4}{0} \cdot \binom{36}{5}}{\binom{40}{5}}$$

$$= \frac{1 \cdot \dfrac{36!}{5! \cdot 31!}}{\dfrac{40!}{5! \cdot 35!}}$$

$$= \frac{\dfrac{36 \cdot 35 \cdot 34 \cdot 33 \cdot 32}{1 \cdot 2 \cdot 3 \cdot 4 \cdot 5}}{\dfrac{40 \cdot 39 \cdot 38 \cdot 37 \cdot 36}{1 \cdot 2 \cdot 3 \cdot 4 \cdot 5}}$$

$$= \frac{36 \cdot 35 \cdot 34 \cdot 33 \cdot 32}{40 \cdot 39 \cdot 38 \cdot 37 \cdot 36}$$

$$= \frac{7 \cdot 17 \cdot 11 \cdot 4}{1 \cdot 13 \cdot 19 \cdot 37} = 0{,}5729$$

und

$$f(1) = \frac{\binom{M}{1} \cdot \binom{N-M}{n-1}}{\binom{N}{n}} = \frac{\binom{4}{1} \cdot \binom{40-4}{5-1}}{\binom{40}{5}}$$

$$= \frac{\binom{4}{1} \cdot \binom{36}{4}}{\binom{40}{5}} = \frac{\frac{4!}{1! \cdot 3!} \cdot \frac{36!}{4! \cdot 32!}}{\frac{40!}{5! \cdot 35!}}$$

$$= \frac{4 \cdot \frac{36 \cdot 35 \cdot 34 \cdot 33}{1 \cdot 2 \cdot 3 \cdot 4}}{\frac{40 \cdot 39 \cdot 38 \cdot 37 \cdot 36}{1 \cdot 2 \cdot 3 \cdot 4 \cdot 5}}$$

$$= \frac{\frac{18 \cdot 35 \cdot 34 \cdot 11}{1}}{\frac{8 \cdot 13 \cdot 19 \cdot 37 \cdot 9}{1}}$$

$$= \frac{18 \cdot 35 \cdot 34 \cdot 11}{8 \cdot 13 \cdot 19 \cdot 37 \cdot 9} = \frac{35 \cdot 17 \cdot 11}{2 \cdot 13 \cdot 19 \cdot 37}$$

$$= \frac{6.545}{18.278}$$

$$= 0{,}3581$$

Mit einer Wahrscheinlichkeit von 57% bzw. 35% ist kein bzw. genau ein fehlerhaftes Gerät unter den ausgewählten Teilen.

Die Poisson-Verteilung

Bei vielen Fragestellungen stehen Phänomene im Mittelpunkt, die sich über einen gewissen Zeitraum ereignen. Beim Einrichten einer neuen Filiale geht es um die Frage, wieviele Schalter einzurichten sind. Dabei ist das Verhältnis von nicht frequentierten Schaltern einerseits und wartenden Kunden andererseits abzuwägen. Dazu ist es wichtig zu wissen, wieviele Kunden in einem bestimmten Zeitraum eintreffen werden. Allgemein betrachten wir die Anzahl X von Ereignissen, die in einem Zeitraum t eintreffen:

Definition

Sei λ eine reelle Zahl mit $\lambda > 0$.

Eine Zufallsvariable X mit der Wahrscheinlichkeitsfunktion

$$f: \mathbf{R} \to [0,1]$$

mit

$$f(x) = \begin{cases} e^{-\lambda t} \cdot \frac{(\lambda t)^x}{x!} & , x = 0, 1, 2, 3, \ldots \\ 0 & , \text{sonst} \end{cases}$$

heißt **Poisson-verteilt**, kurz $X \approx PO(\lambda)$.

Betrachten wir nur Zeiträume der Länge $t = 1$, so verkürzt sich der obige Ausdruck auf:

$$f(x) = \begin{cases} e^{-\lambda} \cdot \frac{\lambda^x}{x!} & , x = 0, 1, 2, 3, \ldots \\ 0 & , \text{sonst} \end{cases}$$

Mit $\lambda = 3$ und $t = 1$ erhalten wir folgende Graphik:

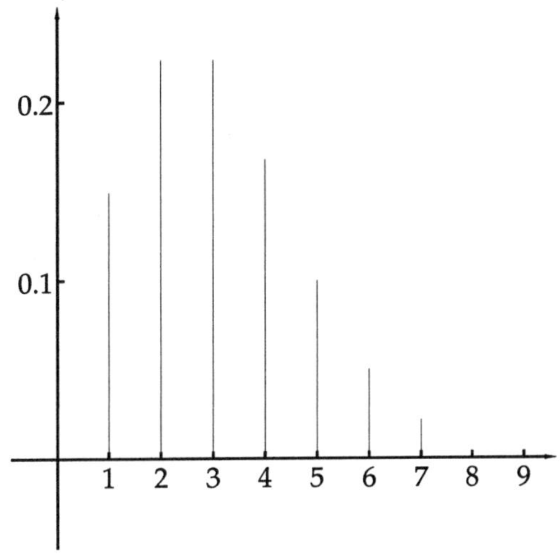

Mit λ = 2 und t = 1 ergibt sich:

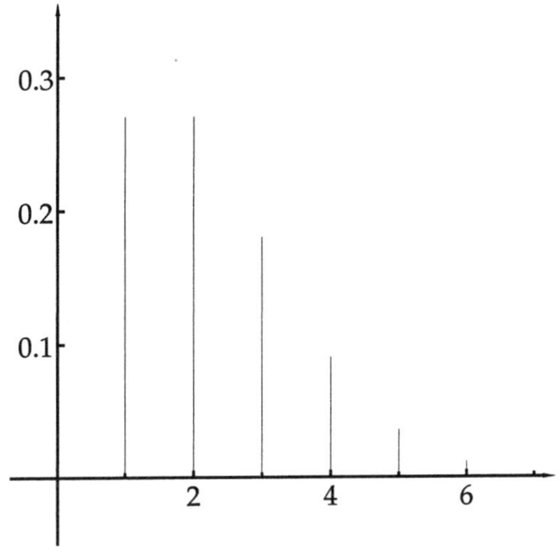

Um das folgende Beispiel besser zu verstehen und vorzubereiten, greifen wir auf den nächsten Abschnitt vor, indem wir darauf hinweisen, daß sich hinter dem Parameter λ die durchschnittliche Anzahl von Ereignissen in einem Zeitraum verbirgt.

Beispiel

In einem Computerladen ist das Eintreffen neuer Kunden eine Poisson-verteilte Zufallsvariable, wobei durchschnittlich 6 Personen pro Stunde kommen. Pro Kunde rechnet man 15 Minuten als Bedienungszeit.

Wie groß ist die Wahrscheinlichkeit, daß genau 2 neue Kunden den Laden betreten, bevor eine Bedienung abgeschlossen ist?

Es gilt:

$$\lambda = 6$$

und

$$t = 15 \text{ Minuten} = 0{,}25 \text{ Stunden}$$

Also:

$$f(2) = e^{-\lambda t} \cdot \frac{(\lambda t)^2}{2!}$$

$$= e^{-6 \cdot 0{,}25} \cdot \frac{(6 \cdot 0{,}25)^2}{2!}$$

$$= e^{-1{,}5} \cdot \frac{(1{,}5)^2}{2!}$$

$$= \frac{0{,}22313016 \cdot 2{,}25}{2}$$

$$= 0{,}2510$$

Dies bedeutet, daß mit einer Wahrscheinlichkeit von 25% zwei neue Personen auftauchen, während ein Kunde bedient wird.

Auf den nächsten Seiten werden wir einige stetige Verteilungen vorstellen und beginnen mit der stetigen Gleichverteilung.

Die stetige Gleichverteilung

Bei einem Glücksrad wird eine Scheibe gedreht und ein Zeiger zeigt auf einen bestimmten Punkt. Jeder Punkt der Scheibe kann mit der gleichen Wahrscheinlichkeit getroffen werden.

Rollen wir eine Kugel zwischen zwei Punkten a und b, so ist für jeden Punkt auf der Strecke zwischen a und b die Wahrscheinlichkeit gleich groß, daß die Kugel genau dort zur Ruhe kommt.

Definition

Seien a und b reelle Zahlen.

Eine Zufallsvariable X mit der Wahrscheinlichkeitsfunktion

$$f\colon \mathbf{R} \to [0,1]$$

mit

$$f(x) = \begin{cases} \dfrac{1}{b-a} & , a \leq x \leq b \\ 0 & , \text{sonst} \end{cases}$$

heißt **gleichverteilt** oder **uniformverteilt auf dem Intervall [a,b]**, kurz $X \approx GV(a,b)$.

Wählen wir a = 1 und b = 3, so ergibt sich folgendes Bild:

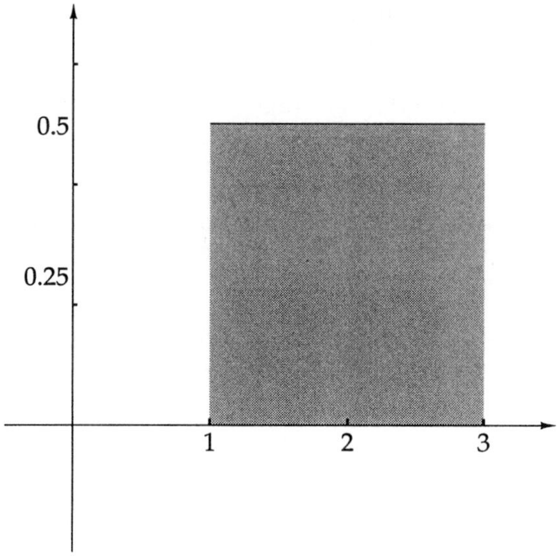

Für a = 1 und b = 6 blicken wir auf:

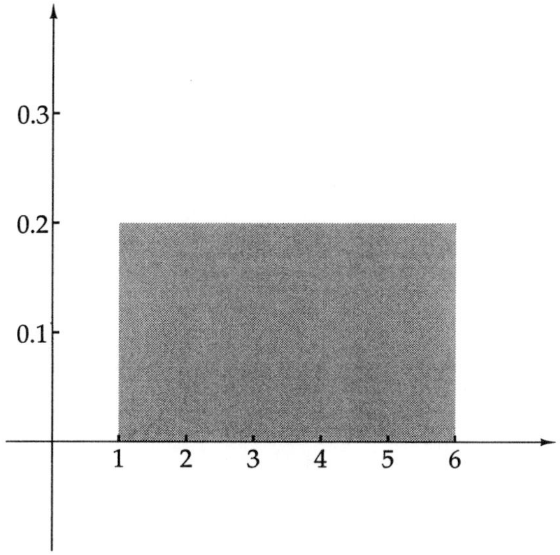

Die Exponentialverteilung

Bei der Poisson-Verteilung stand die Frage im Mittelpunkt, mit welcher Wahrscheinlichkeit eine gewisse Anzahl von Ereignissen eintrifft. Von großer Bedeutung ist aber auch die Frage, wieviel Zeit zwischen zwei Ereignissen vergeht. Eine Person will nicht wissen, wieviele Personen vor ihr stehen, sondern wie lange es dauern wird, bis die Warteschlange abgebaut ist.

Definition

Sei λ eine reelle Zahl mit $\lambda > 0$.

Eine Zufallsvariable X mit der Wahrscheinlichkeitsfunktion

$$f: \mathbf{R} \to [0,1]$$

mit

$$f(x) = \begin{cases} \lambda \cdot e^{-\lambda x} & , x \geq 0 \\ 0 & , \text{sonst} \end{cases}$$

heißt **exponentialverteilt** kurz $X \approx EX(\lambda)$.

Für unterschiedliche Werte von λ erhalten wir folgende Funktionsverläufe:

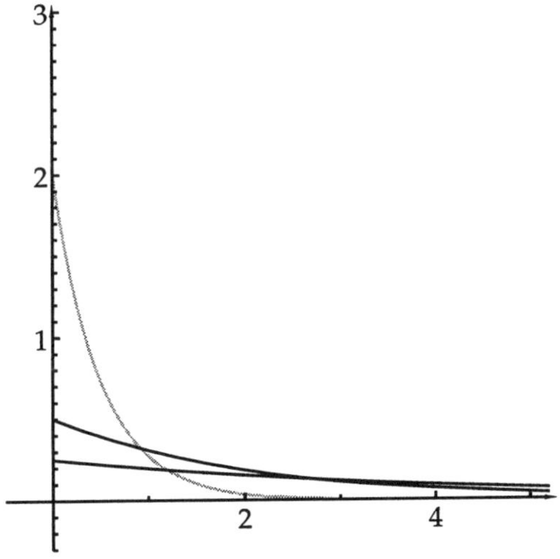

Die Normalverteilung

Die Normalverteilung ist die wichtigste Verteilung in der Statistik. Viele Verteilungen, die physikalische oder ökonomische Modelle beschreiben, ähneln ganz stark der **Normalverteilung**.

Definition

Wir betrachten zwei reelle Zahlen μ, σ mit $\sigma > 0$.

Eine Zufallsvariable X mit der Wahrscheinlichkeitsfunktion

$$f: \mathbf{R} \to [0,1]$$

mit

$$f(x) = \frac{1}{\sqrt{2\pi\sigma^2}} e^{-(x-\mu)^2/2\sigma^2}$$

heißt **normalverteilt** kurz $X \approx N(\mu,\sigma)$.

Für $\mu = 160$ und $\sigma = 0{,}5$ hat die Wahrscheinlichkeitsfunktion das folgende Aussehen:

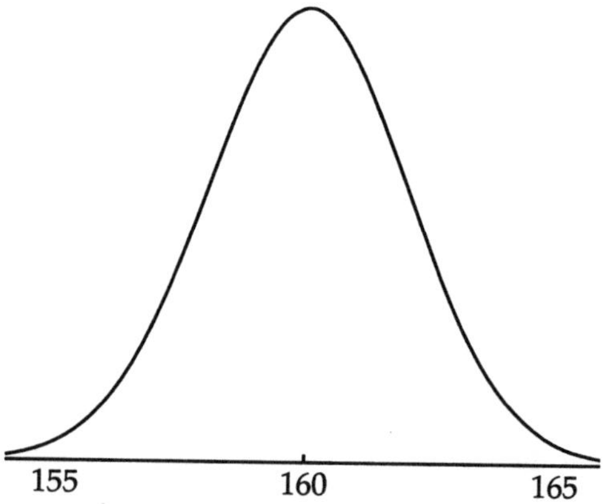

Da wir über verschiedene Werte von μ und σ eine ganze Familie von unterschiedlichen Verteilungen erhalten, deren Werte unmöglich alle in unterschiedlichen Tabellen zur Verfügung gestellt werden können, benötigen wir eine Normalverteilung, auf die wir alle anderen Normalverteilungen zurückführen können:

Ist X eine N(μ,σ)-verteilte Zufallsvariable, so ist

$$X^* = \frac{X - \mu}{\sigma}$$

eine N(0,1)-verteilte Zufallsvariable. Man bezeichnet diese so standardisierte Größe auch als **Standard-Normalverteilung** und führt für die Verteilungsfunktion F(x), da sie von großer Bedeutung in der Statistik ist, die Bezeichnung $\Phi(x)$ ein.

Für $\mu = 0$ und $\sigma = 1$ hat die Wahrscheinlichkeitsfunktion das folgende Aussehen:

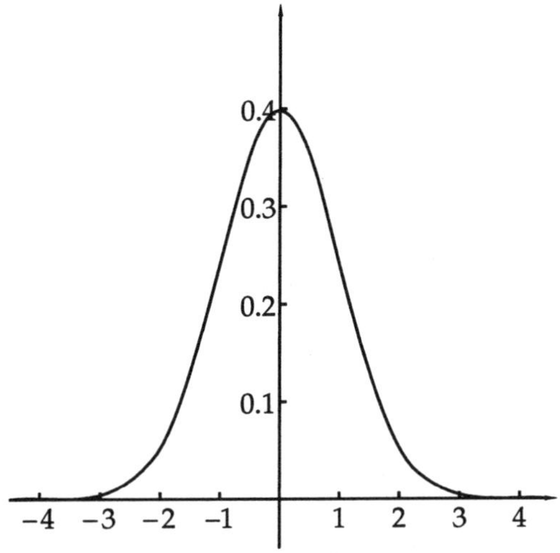

Die folgenden Aussagen werden wir noch mehrfach bei der Berechnung einzelner Wahrscheinlichkeiten benötigen.

Satz

Es gilt für jede beliebige reelle Zahl x:

$$\Phi(-x) = 1 - \Phi(x).$$

Satz

Die Summe $X_1 + X_2$ zweier unabhängiger $N(\mu_1,\sigma_1)$- bzw. $N(\mu_2,\sigma_2)$-verteilter Zufallsvariablen ist $N(\mu_1 + \mu_2, \sqrt{\sigma_1^2 + \sigma_2^2}\,)$-verteilt.

Satz

Ist X eine $N(\mu,\sigma)$-verteilte Zufallsvariable, so ist für alle reellen Zahlen a, b mit $a \neq 0$ die Zufallsvariable

$$Y = a + bX$$

wieder eine $N(a + b\mu, |b|\sigma)$-verteilte Zufallsvariable.

Beispiel

Die Lebensdauer eines Tonkopfes ist normalverteilt mit $\mu = 1.000$ Stunden und $\sigma = 100$ Stunden. Wir suchen die Wahrscheinlichkeit, daß die Lebensdauer zwischen 1.000 und 1.150 Stunden liegt:

Formal suchen wir:

$$P(1.000 \leq X \leq 1.150)$$

Es gilt:

$$P(1.000 \leq X \leq 1.150) = P\left(\frac{1.000 - 1.000}{100} \leq \frac{X - \mu}{\sigma} \leq \frac{1.150 - 1.000}{100}\right)$$

$$= P(0 \leq X^* \leq 1{,}5) = \Phi(1{,}5) - \Phi(0) = 0{,}9332 - 0{,}5$$

$$= 0{,}4332$$

Die gesuchte Wahrscheinlichkeit beträgt 43,32%.

Erwartungswert und Varianz

Als wichtigsten **Lageparameter** für eine Zufallsvariable X führen wir den Begriff des Erwartungswertes ein, wobei wir noch unterscheiden müssen, ob X eine stetige oder diskrete Zufallsvariable ist.

Definition

Sei f die Wahrscheinlichkeitsfunktion einer diskreten Zufallsvariablen X. Dann heißt

$$E(X) := \sum_{i=1}^{n} x_i \cdot f(x_i)$$

der **Erwartungswert** von X.

Definition

Sei f die Wahrscheinlichkeitsfunktion einer stetigen Zufallsvariablen X. Dann heißt

$$E(X) := \int_{-\infty}^{+\infty} x \cdot f(x)\, dx$$

der **Erwartungswert** von X.

Als Streuungsparameter einer Zufallsvariable X betrachten wir die Varianz von X.

Definition

Sei E(X) der Erwartungswert einer diskreten Zufallsvariablen X. Dann heißt

$$Var(X) := \sum_{i} \left[x_i - E(X)\right]^2 \cdot f(x_i)$$

die **Varianz** von X.

Definition

Sei E(X) der Erwartungswert einer stetigen Zufallsvariablen X. Dann heißt

$$\mathrm{Var}(X) := \int_{-\infty}^{+\infty} \left[x - E(X)\right]^2 \cdot f(x)\,dx$$

die **Varianz** von X.

Die folgenden Eigenschaften gelten für den Erwartungswert und die Varianz einer Zufallsvariablen X:

Satz

Sei E(X) der Erwartungswert und Var(X) die Varianz einer Zufallsvariablen.

Dann gilt für beliebige reelle Zahlen a und b:

1.) $\mathrm{Var}(X) = E(X^2) - (E(X))^2.$

2.) $E(a + bX) = a + b(E(X))$

3.) $\mathrm{Var}(a + bX) = b^2 \cdot \mathrm{Var}(X).$

Die Erwartungswerte bzw. Varianzen der wichtigsten Verteilungen sind hier in einer Übersicht zusammengefaßt:

Verteilung von X	**Erwartungswert E(X)**	**Varianz Var(X)**
Binomial-Verteilung B(n;p)	np	np(1-p)
Hypergeometrische Verteilung	$n\frac{M}{N}$	$n\frac{M}{N}\frac{N-M}{N}\frac{N-n}{N-1}$
Poisson-Verteilung P(λ)	λ	λ
Gleichverteilung über [a,b]	$\frac{a+b}{2}$	$\frac{(b-a)^2}{12}$
Exponentialverteilung mit dem Parameter λ	$\frac{1}{\lambda}$	$\frac{1}{\lambda^2}$
Normalverteilung N(μ;σ)	μ	σ^2

Who by fire

And who by fire, who by water,
who in the sunshine, who in the night time,
who by high ordeal, who by common trial,
who in your merry merry month of may,
who by very slow decay,
and who shall I say is calling?
And who in her lonely slip, who by barbiturate,
who in these realms of love, who by something blunt,
and who by avalanche, who by powder,
who for his greed, who for his hunger,
and who shall I say is calling?

And who by brave assent, who by accident,
who in solitude, who in this mirror,
who by his lady's command, who by his own hand,
who in mortal chains, who in power,
and who shall I say is calling?

Leonard Cohen

George B. Dantzig

Linear Programming

The Story About How It Began: Some legends, a little about its historical significance, and comments about where its many mathematical programming extensions may be headed.

Industrial production, the flow of resources in the economy, the exertion of military effort in a war, the management of finances - all require the coordination of interrelated activities. What these complex undertakings share in common is the *task of constructing a statement of actions to be performed, their timing and quantity (called a program or schedule), that, if implemented, would move the system from a given initial status as much as possible towards some defined goal.*

While differences may exist in the goals to be achieved, the particular processes, and the magnitudes of effort involved, when modeled in mathematical terms these seemingly disparate systems often have a remarkably similar mathematical structure. *The computational task is then to devise for these systems an algorithm for choosing the best schedule of actions from among the possible alternatives.*

The observation, in particular, that a number of economic, industrial, financial, and military systems can be modeled (or reasonably approximated) by mathematical systems of linear inequalities and equations has given rise to the development of the linear programming field.

The first and most fruitful industrial applications of linear programming were to the petroleum industry, including oil extraction, refining, blending, and distribution. The food processing industry is perhaps the second most active user of linear programming, where it was first used to determine shipping of ketchup from a few plants to many warehouses. Meat packers use linear programming to determine the most economical mixture of ingredients for sausages and animal feeds.

In the iron and steel industry, linear programming has been used for evaluating various iron ores. Pelletization of low-grade ores, additions to coke ovens, and shop loading of rolling mills are additional applications. Linear programming is also used to decide what products rolling mills should make in order to maximize profit. Blending of iron ore and scrap to produce steel is another area where it has been used. Metalworking industries use linear programming for shop loading and for determining the choice between producing and buying a part.

Paper mills use it to decrease the amount of trim losses. The optimal design and routing of messages in a communication network, contract award problems, and the routing of aircraft and ships are other examples where linear programming methods are applied. The best program of investment in electric power plants and transmission lines has been developed using linear programming methods.

More recently, linear programming (and its extentions) has found its way into financial management, and Wall Street firms have been hiring mathematical programmers that they call "rocket scientists" for a variety of applications, especially for lease analysis and portfolio analysis.

Linear programming can be viewed as part of a great revolutionary development that has given mankind the ability to state general goals and to lay out a path of detailed decisions to be taken in order to "best" achieve these goals when faced with practical situations of great complexity. Our tools for doing this are ways to formulate real-world problems in detailed mathematical terms (models), techniques for solving the models (algorithms), and engines for executing the steps of algorithms (computers and software).

This ability began in 1947, shortly after World War II, and has been keeping pace ever since with the extraordinary growth of computing power. So rapid have been the advances in decision science that few remember the contributions of the great pioneers that started it all. Some of their names are von Neumann, Kantorovich, Leontief and Koopmans. The first two were famous mathematicians. The last three received the Novel Prize in economics for their work.

In the years from the time when it was first proposed in 1947 by the author (in connection with the planning activities of the military), linear programming and its many extensions have come into wide use. In academic circles decision scientists (operations researchers and management scientists), as well as numerical analysts, mathematicians, and economists have written hundreds of books and an uncountable number of articles on the subject.

Curiously, in spite of its wide applicability today to everyday problems, linear programming was unknown prior to 1947. This statement is not quite correct; there were some isolated exceptions. Fourier (of Fourier series fame) in 1823 and the well-known Belgian mathematician de la Vallée Poussin in 1991 each wrote a paper about it, but that was about it. Their work had as much influence on post-1947 developments as would the finding in an Egyptian tomb of an electronic computer built in 3,000 B. C.. Leonid Kantorovich's remarkable 1939 monograph on the subresurrected two decades later after the major developments had already taken place in the West. An excellent paper by Hitchcock in 1941 on the transportation problem went unnoticed until after others in the late 1940s and early 50s had independently rediscovered its properties.

What seems to characterize the pre-1947 era was a lack of any interest in trying to optimize. T. Motzkin in his scholarly thesis written in 1936 cites only 42 papers on linear inequality systems, none of which mentioned an objective function.

The major influences of the pre-1947 era were Leontief's work on the input-output model of the economy (1932), an important paper by von Neumann on game theory (1928), and another by him on steady economic growth (1937).

My own contributions grew out of my World War II experience in the Pentagon. During the war period (1941-45), I had become an expert on programs and planning methods using desk calculators. In 1946 I was mathematical advisor to the U.S. Air Force controller in the Pentagon. I had just received my Ph.D. (for research I had done mostly before the war) and was looking for an academic position that would pay better than a low offer I had received from Berkeley. In order to entice me to not take another job, my Pentagon colleagues D. Hitchcock and M. Wood challenged me to see what I could do to mechanize the Air Force planning process. I was asked to find a way to compute more rapidly a time-staged deployment, training, and logistical supply program. In those days "mechanizing" planning meant using analog devices or punch-card equipment. There were no electronic computers.

Consistent with my training as a mathematician, I set out to formulate a model. I was fascinated by the work of Wassily Leontief, who proposed in 1932 a large but simple matrix structure that he called the Interindustry Input-Output Model of the American Economy. It was simple in concept and could be implemented in sufficient detail to be useful for practical planning. I greatly admired Leontief for having taken the three steps necessary to achieve a successful application:

1. Formulating the inter-industry model.
2. Collecting the input data during the Great Depression.
3. Convincing policy makers to use the output.

Leontief received the Novel Prize in 1976 for developing the input-output model.

For the purpose I had in mind, however, I saw that Leontief's model had to be generalized. His was a steady-state model, and what the Air Force wanted was a highly dynamic model, one that could change over time. In Leontief's model there was a one-to-one correspondence between the production processes and the items being produced by these processes. What was needed was a model with many alternative activities. Finally, it had to be computable. Once the model was formulated, there had to be a practical way to compute what quantities of these activities to engage in consistence with their respective input-output characteristics and with given resources. This would be no mean task since the military application had to be *large scale,* with hundreds and hundreds of items and activities.

The activity analysis model I formulated would be described today as a timestaged, dynamic linear program with a staircase matrix structure. Initially there was no objective function; broad goals were never stated explicitly in those days because practical planners simply had no way to implement such a concept. Noncomputability was the chief reason, I believe, for the total lack of interest in optimization prior to 1947.

A simple example may serve to illustrate the fundamental difficulty of finding an optimal solution to a planning problem once it is formulated. Consider the problem of assigning 70 men to 70 jobs. Suppose a known value or benefit v_{ij} would result if the ith man is assigned to the jth job. An activity consists in assigning the ith man to the jth job. The restrictions are

(i) each man must be assigned to a job (there are 70 such), and

(ii) each job must be filled (also 70).

The level of an activity is either 1, meaning it will be used, or 0, meaning it will not. Thus there are 2 x 70 or 140 restrictions, 70 x 70 or 4,900 activities with 4,900 corresponding zero-one decision variables x_{ij}. Unfortunately there are 70! = 70 x 69 x 68 x ... x 2 x 1 different possible solutions or ways to make the assignments xij. The problem is to compare the 70! solutions with one another and to select the one that results in the largest sum of benefits from the assignments.

Now 70! is a big number, greater than 10^{100}. Suppose we had a computer capable of doing a million calculations per second available at the time of the big bang 15 billion years ago. Would it have been able to look at all the 70! combinations by now? The answer is no! Suppose instead it could perform at nanosecond speed and make 1 billion complete assignments per second? The answer is still no. Even if the earth were filled solid with such computers all working in parallel, the answer would still be no. If, however, there were 10^{40} Earths circling the sun each filled solid with nanosecond-speed computers all programmed in parallel from the time of the big bang until the sun grows cold, then perhaps the answer might be yes.

This easy-to-state example illustrates why up to 1947, and for the most part even to this day, a great gulf exists between man's aspirations and his actions. Man may wish to state his wants in complex situations in terms of some general objective to be optimized, but there are so many different ways to go about it, each with its advantages and disadvantages, that it would be impossible to compare alle the cases and choose which among them would be the best. Invariably, man in the past has left the decision of which way is best to a leader whose so called "experience" and "mature judgement" would guide the way. Those in charge like to do this by issuing a series of ground rules (edicts) to be executed by those developing the plan.

This was the situation in 1946 before I formulated a model. In place of an explicit goal or objective function, there were a large number of ad hoc ground rules issued by those in authority in the Air Force to guide the selection. Without such rules, there would have been in most cases an astronomical number of feasible solutions to choose from. Incidentally, "Expert System" software, a software tool used today (1996) in artificial intelligence, which is very much in vogue, makes use of this adhoc ground-rule approach.

Impact of linear programming on computers: All that I have related up to now about the early development took place in late 1946 before the advent of the computer, more precisely, before we were aware that it was going to exist. But once we were aware, the computer became a vital tool for our mechanization of the planning process. So vital was the computer going to be for our future progress, that our group sucessfully persuaded the Pentagon (in the late 1940's) to fund the development of computers.

To digress for a moment, I would like to say a few words about the electronic computer itself. To me, and I suppose to all of us, one of the most startling developments of all time has been the penetration of the computer into almost every phase of human activity. Before a computer can be intelligently used, a model must be formulated and good algorithms developed. To build a model, however, requires the axiomatization of a subject-matter field. In time this axiomatization gives rise to a whole new mathematical discipline that is then studied for its own sake. Thus, with each new penetration of the computer, a new science is born. Von Neumann notes this tendency to axiomatize in his paper on The General and Logical Theory of Automata. In it he states that automata have been playing a continuously increasing role in science. He goes on to say

> *Automata have begun to invade certain parts of mathematics too,*

> *particularly but not exclusively mathematical physics or applied mathematics. The natural systems (e.g., central nervous system) are of enormous complexity and it is clearly necessary first to subdivide what they represent into several parts that to a certain extent are independent, elementary units. The problem then consists of understanding how these elements are organized as a whole. It is the latter problem which is likely to attract those who have the background and tastes of the mathematician or a logician. With this attitude, he will be inclined to forget the origins and then, after the process of axiomatization is complete, concentrate on the mathematical aspects.*

By mid-1947, I had formulated a model which satisfactorily represented the technological relations usually encountered in practice. I decided that the myriad of adhoc ground rules had to be discarded and replaced by an explicit objective function. I formulated the planning problem in mathematical terms in the form of axioms that stated

1. the total amount of each type of item produced or consumed by the system as a whole is the algebraic sum of the amounts inputted or outputted by the individual activities of the system,

2. the amounts of these items consumed or produced by an activity are proportional to the level of an activity, and

3. these levels are nonnegative.

The resulting mathematical system to be solved was the *minimization of a linear form subject to linear equations and inequalities.* The use (at the time it was proposed) of a linear form as the objective function to be maximized as a novel feature of the model.

Now came the nontrivial question: Can one solve such systems? At first I assumed that the economists had worked on this problem since it was an important special case of the central problem of economics, the optimal allocation of scarce resources. I visited T. C. Koopmans in June 1947 at the Cowles Foundation (which at that time was at the University of Chicago) to learn what I could from the mathematical economists. Koopmans became quite excited. During World War II, he had worked for the Allied Shipping Board on a transportation model and so had the theoretical as well as the practical planning background necessary to appreciate what I was presenting. He saw immediately the implications for general economic planning. From that time on, Koopmans took the lead in bringing the potentialities of linear programming models to the attention of other young economists who were just starting their careers. Some of their names were Kenneth Arrow, Paul Samuelson, Herbert Simon, Robert Dorfman, Leonid Hurwicz and Herbert Scarf, to name but a few. Some thirty to forty years later the first three and T. C. Koopmans received the Nobel Prize for their research.

Seeing that economists did not have a method of solution, I next decided to try my own luck at finding an algorithm. I owe a great debt to Jerzy Neyman, the leading mathematical statistician of his day, who guided my graduate work at Berkeley. My thesis was on two famous unsolved problems in mathematical statistics that I mistakenly thought were a homework assignment and solved. One of the results, published jointly with Abraham Wald, was on the Neyman-Pearson Lemma. In today's terminology, this part of my thesis was on the existence of Lagrange multiplieers (or dual variables) for a semi-infinite linear program whose variables were bounded between zero and one and satisfied linear constraints expressed in the form of Lebesgue integrals. There was also a linear objective to be maximized.

Luckily, the particular geometry used in my thesis was the one associated with the columns of the matrix instead of its rows. This column geometry gave me the insight that led me to believe that the Simplex Method would be a very efficient solution technique. I earlier had rejected the method when I viewed it in the row geometry because running around the outside edges seemed so unpromising.

I proposed the Simplex Method in the summer of 1947. But it took nearly a year before my colleagues and I in the Pentagon realized just how powerful the method really was. In the meantime, I decided to consult with the "great" John von Neumann to see what he could suggest in the way of solution techniques. He was considered by many as the leading mathematician in the world. On October 3, 1947, I met him for the first time at the Institute for Advanced Study at Princeton.

John von Neumann made a strong impression on everyone. People came to him for help with their problems because of his great insight. In the initial stages of the development of a new field like linear programming, atomic physics, computers, or whatever, his advice proved to be invaluable. Later, after these fields were developed in greater depth, however, it became much more difficult for him to make the same spectacular contributions. I guess everyone has a finite capacity, and John was no exception.

I remember trying to describe to von Neumann (as I would to an ordinary mortal) the Air Force problem. I began with the formulation of the linear programming model in terms of activities and items, etc. He did something which I believe was not characteristic of him. "Get to the point," he snapped at me impatiently. Having at times a somewhat low kindling point, I said to myself, "O.K., if he wants a quickie, then that's what he'll get." In under one minute I slapped on the blackboard a geometric and algebraic version of the problem. Von Neumann stood up and said, "Oh that!" Then, for the next hour and a half, he proceeded to give me a lecture on the mathematical theory of linear programs.

At one point, seeing me sitting there with my eyes popping and my mouth open (after all, I had searched the literature and found nothing), von Neumann said

> "I don't want you to think I am pulling all this out of my sleeve on the spur of the moment like a magician. I have recently completed a book with Oscar Morgenstern on the theory of games. What I am doing is conjecturing that the two problems are equivalent. The theory that I am outlining is an analogue to the one we have developed for games."

Thus I learned about *Farkas's Lemma* and about duality for the first time. Von Neumann promised to give my computational problem some thought and to contact me in a few weeks, which he did. He proposed an iterative nonlinear interior scheme. Later, Alan Hoffman and his group at the Bureau of Standards (around 1952) tried it out on a number of test problems. They also compared it to the Simplex Method and with some interior proposals. The Simplex Method came out a clear winner.

As a result of another visit in June 1948, I met Albert Tucker, who later became the head of mathematics department at Princeton. Soon Tucker and his students Harold Kuhn and David Gale and others like Lloyd Shapley began their historic work on game theory, nonlinear programming, and duality theory. The Princeton group became the focal point among mathematicians doing research in these fields.

The early days were full of intense excitement. Scientists, free at last from wartime pressures, entered the post-war period hungry for new areas of research. The computer came on the scene at just the right time. Economists and mathematicians were intrigued with the possibility that the fundamental problem of optimal allocation of scarce resources could be numerically solved. Not too long after my first meeting with Tucker there was a meeting of the Econometric Society in Wisconsin attended by well-known statisticians and mathematicians like Hotelling and von Neumann, and economists like Koopmans. I was a young unknown und I remember how frightened I was at the idea of presenting for the first time to such a distinguished audience, the concept of linear programming.

After my talk, the chairman called for discussion. For a moment there was the usual dead silence; then a hand was raised. It was Hotelling's. I must hasten to explain that Hotelling was fat. He used to love to swim in the ocean and when he did, it is said that the level of the ocean rose perceptible. This huge whale of a man stood up in the back of the room, his expressive fat face taking on one of those all-knowing smiles we all know so well. He said: "But we all know the world is nonlinear." Having uttered this devastating criticism of my model, he majestically sat down. And there I was, a virtual unknown, frantically trying to compose a proper reply.

Suddenly another hand in the audience was raised. It was von Neumann. "Mr. Chairman, Mr. Chairman," he said, "If the speaker doesn't mind, I would like to reply for him." Naturally I agreed. Von Neumann said: "The speaker titled his talk 'linear programming' and carefully stated his axioms. If you have an application that satisfies the axioms, well use it. If it does not, then don't," and he sat down. In the final analysis, of course, Hotelling was right. The world is highly nonlinear. Fortunately, systems of linear inequalities (as opposed to equalities) permit us to approximate most of the kinds of nonlinear relations encountered in practical planning.

In 1949, exactly two years from the time linear programming was first conceived, the first conference (sometimes referred to as the Zero Symposium) on mathematical programming was held at the University of Chicago. Tjalling Koopmans, the organizer, later titled the proceedings of the conference Activity Analysis of Production and Allocation. Economists like Koopmans, Kenneth Arrow, Paul Samuelson, Leonid Hurwitz, Robert Dorfman, Georgescu-Roegen and Herbert Simon, academic mathematicians like Albert Tucker, Harold Kuhn and David Gale and Air Force types like Marshall Wood, Murray Geisler and myself all made contributions.

The advent or rather, the promise, that the electronic computer would soon exist, the exposure of theoretical mathematicians and economists to real problems during the war, the interest in mechanizing the planning process, and last but not least the availability of money for such applied research all converged during the period 1947-1949. The time was ripe. The research accomplished in exactly two years is, in my opinion, one of the remarkable events of history. The proceedings of the conference remain to this very day an important basic reference, a classic!

The Simplex Method turned out to be a powerful theoretical tool for proving theorems as well as a powerful computational tool. To prove theorems it is essential that the algorithm includes a way of avoiding degeneracy. Therefore, much of the early research around 1950 by Alex Orden, Philip Wolfe and myself at the Pentagon, by J.H. Edmondson as a class exercise in 1951, and by A. Charnes in 1952 was concerned with what to do if a degenerate solution is encountered.

In the early 1950s, many areas that we collectively call *mathematical programming* began to emerge. These subfields grew rapidly with linear programming, playing a fundamental role in their development. A few words will now be said about each of these.

Nonlinear Programming began around 1951 with the famous Karush, Kuhn-Tucker Conditions, which are related to the Fritz John Conditions (1948). In 1954, Ragnar Frisch (who later received the first Nobel Prize in economics) proposed a nonlinear interior-point method for solving linear programs. Earlier proposals such as those of von Neumann and Motzkin can also be viewed as interior methods. Later, in the 1960s, G. Zoutendijk, R. T. Rockafellar, P. Wolfe, R. Cottle, A. Fiacco, G. McCormick, and others developed the theory of nonlinear programming and extended the notions of duality.

Commercial Applications were begun in 1952 by Charnes, Cooper and Mellon with their (now classical) optimal blending of petroleum products to make gasoline. Applications quickly spread to other commercial areas and soon eclipsed the military applications that had started the field.

Software - The Role of Orchard-Hays In 1954, William Orchard-Hays of the RAND Corporation wrote the first commercial-grade software for solving linear programms. Many theoretical ideas such as ways to compact the inverse, take advantage of sparsity, and guarantee numerical stability were first implemented in his codes. As a result, his software ideas dominated the field for many decades and made commercial applications possible. The importance of Orchard-Hays's contributions cannot be overstated, for they stimulated the entire development of the field and transformed linear programming and its extentions from an interesting mathematical theory into a powerful tool that changed the way practical planning was done.

Network Flow Theory began to evolve in the early 1950s by Merrill Flood and a little later by Ford and Fulkerson in 1954. Hoffmann and Kuhn in 1956 developed its connections to graph theory. Recent research on combinatorial optimization benefited from this early research.

Large-Scale Methods began in 1955 with my paper "Upper Bounds, Block Triangular Systems, and Secondary Constraints." In 1959-60 Wolfe and I published our papers on the Decomposition Principle. Its dual form was discovered by Benders in 1962 and first applied to the solution of mixed integer programs. It is now extensively used to solve stochastic programs.

Stochastic Programming began in 1955 with my paper "Linear Progamming under Uncertainty" (an approach which has been greatly extended by R. Wets in the 1960s and J. Birge in the 1980s). Independently, at almost the same time in 1955, E.M.L. Beale proposed ways to solve stochastic programs. Important contributions to this field have been made by A. Charnes and W. Cooper in the late 1950s using chance constraints, i.e., constraints that hold with a stated probability. Stochastic programming is one of the most promising fields for future research, one closely tied to large-scale methods. One approach that the author, Peter Glynn and Gerd Infanger began in 1989 combines Bender's decomposition principle with ideas based on importance sampling, control variables and the use of parallel processors.

Integer Programming began in 1958 with the work of R. Gomory. Unlike the earlier work on the traveling salesman problem by D. R. Fulkerson, S. Johnson and Dantzig, Gomory showed how to systematically generate the "cutting" planes. Cuts are extra necessary conditions that when added to an existing system of inequalities guarantee that the optimization solution will solve in integers. Ellis Johnson of I.B.M. extended the ideas of Gomory. Egon Balas and many others have developed clever elimination schemes for solving 0-1 covering problems. *Branch and bound* has turned out to be one of the most successful ways to solve practical integer programs. The most efficient techniques appear to be those that combine cutting planes with branch and bound.

Complementary Pivot Theory was started around 1962-63 bei Richard Cottle and Dantzig and greatly extended by Cottle. It was an outgrowth of Wolfe's method for solving quadratic programs. In 1964 Lemke and Howson applied the approach to bimatrix games. In 1965 Lemke extended it to other nonconvex domains. In the 1970s, Scarf, Kuhn and Eaves extended this approach once again to the solving of fixed-point problems.

Computational Complexity. Many classes of computational problems, although they arise from different sources and appear to have quite different mathematical statements can be "reduced" to one another by a sequence of not-too-costly computational steps. Those that can be so reduced are said to belong to the same equivalence class. This means that an algorithm that can solve one member of a class can be modified to solve any other in the same equivalence class. The computational complexity of an equivalence class is a quantity that measures the amount of computational effort required to solve the most difficult problem belonging to the class, i.e., its worst-case. A nonpolynomial algorithm would be one that requires in the worst-case a number of steps not less than some exponential expression like Ln^m, n!, or 100^n, where n and m refer to the row and column dimensions of the problem and L the number of bits needed to store the input data.

Polynomial Time Algorithm. For a long time it was not known whether or not linear programs belonged to a nonpolynomial class called "hard" (such as the one the traveling salesman problem belongs to) or to an "easy" polynomial class (like the one that the shortest path problem belongs to). In 1970, Victor Klee and George Minty created a worst-case example that showed that the classical Simplex Algorithm would require an "exponential" number of steps. L. G. Khachian developed a polynomial-time algorithm for solving linear programs. It is a method that uses ellipsoids that contain points in the feasible region. He proved that the computational time is guaranteed to be less than a polynomial expression in the dimensions of the problem and the number of digits of input data. Although polynomial, the bound he established turned out to be too high for his algorithm to be used to solve practical problems.

Karmarkar's algorithm (1984) was an important improvement on the theoretical result of Khachian that a linear program can be solved in polynomial time. Moreover, his algorithm turned out to be one that could be used to solve practical linear programs. As of this writing, interior algorithms are in open competition with variants of the Simplex Method. It appears likely that commercial software for solving linear programs will eventually combine pivot-type moves used in the Simplex Methods with interior type moves, especially for those problems with very few polyhedral facets in the neighborhood of the optimum.

Origins of Certain Terms

Here are some stories about how various linear-programming terms arose. The military refer to their various plans or proposed schedules of training, logistical supply, and deployment of combat units as a program. When I had first analyzed the Air Force planning problem and saw that it could be formulated as a system of linear inequalities, I called my first paper Programming in a Linear Structure. Note that the term "program" was used for linear programs long before it was used for the set of instructions used by a computer to solve problems. In the early days, these instructions were called *codes*.

In the summer of 1948, Koopmans and I visited the RAND Corporation. One day we took a stroll along the Santa Monica beach. Koopmans said "Why not shorten 'Programming in a Linear Structure' to 'Linear Programming'?" I agreed: "That's it! From now on that will be its name." Later that same day I gave a talk at RAND entitled "Linear Programming"; years later Tucker shortened it to "Linear Program".

The term *mathematical programming* is due to Robert Dorfman of Harvard, who felt as early as 1949 that the term linear programming was too restrictive.

The term *Simplex Method* arose out of a discussion with T. Motzkin, who felt that the approach I was using, when viewed in the geometry of the columns, was best described as a movement from one simplex to a neighboring one. A simplex is the generalization of a pyramid-like geometric figure to higher dimension. Mathematical programming is also responsible for many terms that are now standard in mathematical literature-terms like Arg-Min, Arg-Max, Lexico-Max, Lexico-Min. The term dual is an old mathematical term. But surprisingly, the term primal is new and was first proposed by my father, Tobias Dantzig, around 1954, after William Orchard-Hays stated the need for a shorter phrase to call the "original problem whose dual is ..."

Summary of My Own Early Contributions

If I were asked to summarize my early and perhaps my most important contributions to linear programming, I would say there are three:

1. Recognizing (as a result of my wartime years as a practical program planner) that most practical planning relations could be formulated as a system of linear inequalities.

2. Replacing ground rules for selecting good plans by general objective functions. (Ground rules typically are statements by those in authority of the means for carrying out the objective, not the objective itself.)

3. Inventing the Simplex Method which transformed the rather unsophisticated linear-programming model for expressing economic theory into a powerful tool for practical planning of large complex systems.

The tremendous power of the Simplex Method is a constant surprise to me. To solve by brute force the assignment problem that I mentioned earlier would require a solar system full of nanosecond electronic computers running from the time of the big bang until the time the universe grows cold to scan all the permutations in order to select the one that is best. Yet it takes only a moment to find the optimum solution using a personal computer and standard Simplex Method software.

In retrospect, it is interesting to note that the original class of problems that started my research is beginning to yield-namely the problem of planning or scheduling dynamically over time, particularly when there is uncertainty about the values of coefficients in the equations. If such problems could be successfully solved, it could eventually produce better and better plans and thereby contribute to the well-being and stability of the world.

The area of *planning under uncertainty* or *stochastic programming* has become a very exciting field of research and application, with research taking place in many countries. Some important long term planning problems have already been solved. Progress in this field depends on ideas drawn from many fields. For example, our group at Stanford is working on a solution method that combines the nested decomposition principle, importance sampling, and the use of parallel processors.

Prior to linear programming, it was not of any use to explicitly state general goals for planning systems (since such systems could not be solved) and so objectives were often confused with the ground rules in order to have a way of solving such systems. Ask a military commander what the goal is and he probably will say, "The goal is to win the war." Upon being pressed to be more explicit, a Navy man might say, "The way to win the war is to build battleships," or, if he is an Air Force general, he might say, "The way to win is to build a great fleet of bombers." Thus the means to attain the objective becomes an objective in itself which in turn spawns new ground rules as to how to go about attaining the means such as how best to go about building bombers or space shuttles. These means in turn become confused with goals, etc., down the line.

From 1947 on, the notion of what is meant by a goal has been adjusting to our increasing ability to solve complex problems. As we are near the end of the twentieth century, planners are becoming more and more aware that it is possible to optimize a specific objective while at the same time hedging against a great variety of unfavorable contingencies that might happen and taking advantage of any favorable opportunity that might arise.

The *ability to state general objectives and then be able to find optimal policy solutions to practical decision problems of great complexity is the revolutionary development I spoke of earlier.* We have come a long way down the road to achieving this goal, but much work remains to be done, particularly in the area of uncertainty. The final test will come when we can solve the practical problems under uncertainty that originated the field back in 1947.

Anhang B

Zeichenerklärung

$\forall$	für alle
$\exists$	es existiert
$\exists!$	es gibt genau ein
nicht $\exists$	es gibt kein
$:=$	ist definiert durch
$\vert$	mit der Eigenschaft
$x \in M$	x ist Element der Menge M
$x \notin M$	x ist nicht Element der Menge M
$\neg A$	nicht Aussage A
$A \wedge B$	Aussage A und Aussage B
$A \vee B$	Aussage A oder Aussage B
$A \Rightarrow B$	die Aussage A impliziert die Aussage B; aus Aussage A folgt die Aussage B
$A \Leftrightarrow B$	Aussage A und Aussage B sind äquivalent; Aussage A ist gleichbedeutend mit Aussage B
$<$	kleiner
$\leq$	kleiner oder gleich
$>$	größer
$\geq$	größer oder gleich
$\neq$	nicht gleich, ungleich
$=$	gleich

$\sum_{i=1}^{n} a_i$	$a_1 + a_2 + ... + a_n$
$A \times B$	$\{(x,y) \mid x \in A, y \in B\}$
$\prod_{i=1}^{k} A_i$	$A_1 \times A_2 \times ... \times A_k$
N	Menge der natürlichen Zahlen
Z	Menge der ganzen Zahlen
Q	Menge der rationalen Zahlen
R	Menge der reellen Zahlen

Die griechischen Buchstaben

Das griechische Alphabet besteht aus 24 Zeichen:

Alpha	Α	α
Beta	Β	β
Gamma	Γ	γ
Delta	Δ	δ
Epsilon	Ε	ε
Zeta	Ζ	ζ
Eta	Η	η
Theta	Θ	θ
Iota	Ι	ι
Kappa	Κ	κ
Lambda	Λ	λ
Mü	Μ	μ
Nü	Ν	ν
Xi	Ξ	ξ
Omikron	Ο	ο
Pi	Π	π
Rho	Ρ	ρ
Sigma	Σ	σ
Tau	Τ	τ
Ypsilon	Υ	υ
Phi	Φ	φ
Chi	Χ	χ
Psi	Ψ	ψ
Omega	Ω	ω

Literatur

[1] Bacher, Johann
Clusteranalyse, 2. ergänzte Auflage, Oldenbourg Verlag, 1996.

[2] Backhaus, Klaus; Erichson, Bernd; Plinke, Wulff; Weiber, Rolf
Multivariate Analysemethoden, 9. überarbeitete und erweiterte Auflage, Springer, Berlin; Heidelberg; New York; Barcelona; Hongkong; London; Mailand, Paris; Singapur; Tokio; 2000.

[3] Bamberg, Günter; Coenenberg, Adolf Gerhard
Betriebswirtschaftliche Entscheidungslehre, 9. Auflage, Verlag Vahlen, 1996.

[4] Bhatti, M. Asghar
Practical Optimization Methods with Mathematica Applications, Springer-Verlag New York, 2000.

[5] Bock, Jürgen
Bestimmung des Stichprobenumfangs für biologische Experimente und kontrollierte klinische Studien, Oldenbourg Verlag, 1998.

[6] Brockhoff, Klaus
Unternehmensforschung. Eine Einführung, De Gruyter Lehrbuch, 1973.

[7] Dantzig, George B.; Thapa, Mukund N.
Linear Programming, 1: Introduction, Springer Series in Operations Research, 1997.

[8] Domschke, Wolfgang
Logistik: Transport, Grundlagen, lineare Transport- und Umladeprobleme, dritte, ergänzte Auflage, R. Oldenbourg Verlag München Wien, 1989.

[9] Domschke, Wolfgang; Drexl, Andreas
Einführung in Operations Research, 4. Auflage, Springer-Lehrbuch, 1998.

[10] Domschke, Wolfgang; Drexl, Andreas; Klein, Robert; Scholl, Armin; Voß, Stefan
Übungen und Fallbeispiele zum Operations Research, 3. Auflage, Springer, 2000.

[11] Gaede, Karl-Walter; Heinhold, Josef
Grundzüge des Operations Research, Teil 1, Carl Hanser Verlag München Wien, 1976.

[12] Gohout Wolfgang
Operations Research, Lineare Optimierung, Transportprobleme und Zuordnungsprobleme, Oldenbourg Verlag, 2000.

[13] Hillier, Frederick S. ; Lieberman, Gerald J.
Introduction to Operations Research, 3rd edition, Holden-Day, Inc., 1980.

[14] Johnson, Dallas E.
Applied Multivariate Methods for Data Analysts, Duxbury Press, 1998.

[15] Johnson, Richard E.; Wichern, Dean W.
Applied Multivariate Statistical Analysis, Fourth Edition, Prentice Hall, 1998.

[16] Kall, Peter
Mathematische Methoden des Operations Research, Teubner Studienbücher, 1976.

[17] Lagemann, Walter; Rambatz, Wolf
Wirtschaftsmathematik und Statistik, Ein Praktikum für die Weiterbildung zum Betriebswirt und zur Betriebswirtin, Feldhaus, 2001.

[18] Litz, Hans Peter
Multivariate Statistische Methoden und ihre Anwendung in den Wirtschafts- und Sozialwissenschaften, Oldenbourg Verlag, 2000.

[19] Lutz, Michael
Operations Research Verfahren - verstehen und anwenden, Fortis Verlag FH, 1998.

[20] Neumann, Klaus; Morlock, Martin
Operations Research, Carl Hanser Verlag, 1993.

[21] Nieswandt, Aribert
Operations Research, Oldenbourg Verlag, 3., verbesserte Auflage, 1994.

[22] Runzheimer, Bodo
Operations Research, Lineare Planungsrechnung, Netzplantechnik, Simulation und Warteschlangentheorie, Gabler, 1999.

[23] Schick, Karl
Lineare Optimierung, B. I. Hochschultaschenbücher, 1976.

[24] Seiffart, Egon; Manteuffel, Karl
Lineare Optimierung, 5. Auflage, B. G. Teubner Verlagsgesellschaft KG, 1991.

[25] Sethi, Suresh P.; Thompson, Gerald L.
Optimal Control Theory, Applications to Management Science and Economics, Second Edition, Kluwer Academic Publishers, Boston / Dordrecht / London, 2000.

[26] Stier, Winfried
Methoden der Zeitreihenanalyse, Springer, Berlin; Heidelberg; New York; Barcelona; Hongkong; London; Mailand, Paris; Singapur; Tokio; 2001.

[27] Taha, Hamdy A.
Operations Research, An Introduction, Fifth Edition, Prentice Hall International, Inc., 1995.

[28] Vanderbei, Robert J.
Linear Programming, Foundations and Extensions, Second Edition, Kluwer Academic Publishers Group, 2001.

[29] Wehrt, Klaus
Operations Research, Applications and Algorithms, Third Edition, PWS-Kent Publishing Company, Boston, 1993.

[30] Zimmermann, Jürgen
Ablauforientiertes Projektmanagement, Modelle, Verfahren und Anwendungen, 1. Auflage, Gabler Edition Wissenschaft, 2001.

[31] Zimmermann, Werner
Operations Research, Quantitative Methoden zur Entscheidungsvorbereitung, 9. Auflage, Oldenbourg Verlag, 1999.

Index